U0947666

面向创新的柳州桥梁建造技术丛书

大跨度拱桥提升安装关键技术及风险管理

唐 俊 曾东斌 著

人民交通出版社股份有限公司
北 京

内 容 提 要

本书主要介绍了世界最大有推力钢箱拱桥——柳州市官塘大桥(主跨457m)工程的关键施工技术及安全质量管理,共分为八章,内容包括绪论、临江溶蚀透水地质深基坑及拱座施工关键技术、大跨度钢箱拱肋分段拼装整体提升施工关键技术、成拱及成桥体系转换关键技术、合理成桥与主梁安装关键技术、工业自动化信息系统应用研究、施工质量安全管理、科研历程及创新成果。

本书可供从事桥梁设计、桥梁工程建设管理的工程技术人员阅读参考。

图书在版编目(CIP)数据

大跨度拱桥提升安装关键技术及风险管理/唐俊,曾东斌著.—北京:人民交通出版社股份有限公司,2021.7

ISBN 978-7-114-17260-1

Ⅰ.①大… Ⅱ.①唐…②曾… Ⅲ.①大跨度结构—肋拱桥—桥梁施工—风险管理 Ⅳ.①U448.22

中国版本图书馆CIP数据核字(2021)第079821号

Dakuadu Gongqiao Tisheng Anzhuang Guanjian Jishu ji Fengxian Guanli

书　　名: 大跨度拱桥提升安装关键技术及风险管理
著 作 者: 唐　俊　曾东斌
责任编辑: 张一梅
责任校对: 孙国靖　魏佳宁
责任印制: 张　凯
出版发行: 人民交通出版社股份有限公司
地　　址: (100011)北京市朝阳区安定门外外馆斜街3号
网　　址: http://www.ccpcl.com.cn
销售电话: (010)59757973
总 经 销: 人民交通出版社股份有限公司发行部
经　　销: 各地新华书店
印　　刷: 北京虎彩文化传播有限公司
开　　本: 787×1092　1/16
印　　张: 7
字　　数: 149千
版　　次: 2021年7月　第1版
印　　次: 2021年7月　第1次印刷
书　　号: ISBN 978-7-114-17260-1
定　　价: 100.00元

《大跨度拱桥提升安装关键技术及风险管理》编委会

广西柳州市官塘大桥技术专家组名单

前 言

PREFACE

随着桥梁建造技术的发展和材料性能的提升，以及我国保护生态和“人民追求美好生活”的意识不断增强，对于跨江跨河大桥既要求其“水中无墩”，又要求其造型富于美感。近十年来，我国桥梁正向大跨度、造型新颖方向发展，特别是钢拱桥。钢拱桥比传统混凝土拱桥具有跨度大、重量小、工期短，形式多样等优点，且符合生态与可持续发展要求。

于2018年11月27日建成通车的柳州市官塘大桥为目前世界上跨度第一的有推力钢箱拱桥，施工中超重超高大跨度拱肋整体提升合龙施工关键技术更是创造了中段拱肋整体提升跨度262m、提升总质量5885t、提升高度67.27m三项世界纪录。

该桥由中铁上海工程局集团有限公司为主要施工单位完成施工，参与施工的单位有中铁上海工程局集团第五工程有限公司、中铁上海工程局集团建筑工程有限公司、柳州欧维姆机械股份有限公司等。本桥施工中得到了投资单位柳州东城投资开发有限公司、柳州市城市投资建设发展有限公司，设计单位四川省交通运输厅公路规划勘察设计研究院，监控单位中铁大桥勘测设计院集团有限公司，监理单位中铁一院南方工程咨询监理有限公司，以及西南交通大学等单位的大力帮助和指导，在此表示衷心感谢。

本书主要由负责施工的相关人员编写完成，限于作者水平，书中难免存在不当之处，恳请读者提出宝贵意见。

作 者

2021年2月

目 录
CONTENTS

第一章　绪　论

第一节　拱桥的发展

一　拱桥概述

我国拱桥始建于东汉中后期，已有1800余年历史，因其外形呈曲线形，故又称为曲桥。拱桥指的是在竖直平面内以拱作为主要承重构件的桥梁。在竖向荷载作用下，拱脚处有水平力的存在是拱式体系区别于梁式体系的一个重要标志。正是由于这个水平反力的作用，使拱内产生轴向压力，并大大减小了拱的弯矩。因此，为了使拱正常工作，就必须确保拱的推力体系正常工作，传统拱的推力一般由基础直接承担，故对地基要求较高。

二　拱桥的分类

中国拱桥历史悠久。在古代桥梁中，以石拱桥为主要桥型。我国山谷、丘陵、平原和水网密布地区，至今仍存在各具风采的石拱桥。

修建于公元606年的河北赵县的赵州桥代表着中国古代石拱桥建造的最高成就，其跨径37.4m，宽约9m，在跨度方面曾保持纪录达1350年之久。文艺复兴后，拱桥结构形式多样，摆脱了上承式实腹拱的单一形式，表现力更加丰富。拱桥的设计和施工技术不断进步，现代拱桥的结构形式也越来越多，常用的拱桥分类方法有3种：

(1)按照建桥材料(主要是针对主拱圈使用的材料)可以分为圬工拱桥、钢筋混凝土拱桥、钢拱桥、钢管混凝土拱桥等。

(2)按照结构形式划分为板拱桥、双曲拱桥、箱形拱桥、肋拱桥、钢架拱桥、系杆拱桥。

(3)按照承重结构与桥面系之间的位置关系，可分为上承式、中承式、下承式拱桥。

三　钢拱桥的发展

1. 国外钢拱桥的发展

拱桥的发展与建筑材料的发展紧密相关。铁和钢的生产实现工业化后，其在桥梁中的应用以拱桥开始。世界上第一座铸铁拱桥出现在英国(Iron Bridge 大桥,建成于 1779 年),第一座钢拱桥出现在美国(Eads 大桥,建成于 1874 年)。Eads 大桥建造成功之后钢拱桥在世界范围内得到了较大的发展。1916 年美国建成了主跨 298m 的纽约狱门(Hell Gate)大桥。1932 年澳大利亚建成了主跨 503m 的悉尼港(Sydney Harbor)大桥。之后,美国又修建了主跨 504m 的培虹(Bayonne)桥和主跨 518.3m 的新河谷大桥(New River Gorge)。国外具有代表性的钢拱桥如表 1-1 所示。

国外具有代表性的钢拱桥 表 1-1

序号	桥　名	国　家	建成年代	跨径(m)	结构形式
1	新河峡谷大桥 (New River Gorge Bridge)	美国	1977	518	钢桁拱
2	齐尔文科桥	美国	1931	510	钢桁拱
3	贝尔大桥 (Bayonne Bridge)	美国	1931	504	钢桁拱
4	悉尼大桥 (Sydney Bridge)	澳大利亚	1932	503	钢桁拱
5	ST. Macro-1 大桥	南斯拉夫	1929	390	钢桁拱
6	弗里蒙特大桥 (Ferment Bridge)	美国	1971	383	钢桁拱
7	兹达科夫大桥 (Zdakov Bridge)	捷克	1961	380	钢桁拱
8	曼港大桥	加拿大	1964	110 +366 +110	连续钢梁柔拱
9	萨切桥(Thatcher Bridge)	巴拿马	1962	344	钢桁拱
10	拉维莱特桥 (Levidlette Bridge)	巴拿马	1967	335	—
11	罗斯福湖桥 (Roosevelt Lake Bridge)	美国	1990	330	钢箱拱
12	朗科恩·威登斯桥	英国	1961	330	—
13	柏奇劳夫桥	赞比亚	1935	329	—
14	Robert Moses Causeway	美国	1966	326	—
15	科罗拉多桥	美国	1959	313	—
16	新木津川桥	日本	1994	305	—

2. 我国钢拱桥的发展

拱桥在我国有着悠久的历史。拱桥具有结构形式多样、造型美观、刚度较大等特点,长期以来是我国的主要桥型之一。近 30 年来,拱桥在我国发展迅速,并在设计、施工等方面取得了举世瞩目的成绩。

从拱的建筑材料方面来看,最大跨径的四类拱桥均在中国,分别是主跨 146m 的山西丹河新桥(石拱桥)、主跨 420m 的万州长江大桥(钢筋混凝土拱桥)、主跨 530m 的合江长江一桥(钢管混凝土拱桥)、主跨 552m 的重庆朝天门大桥(钢拱桥)。目前正在建设的广西平南三桥的主跨达到 575m,其建成后将成为世界最大跨径的拱桥,我国具有代表性的钢拱桥如表 1-2所示。

我国具有代表性的钢拱桥 表 1-2

序号	桥 名	建成年代	跨径(m)	结构形式
1	重庆朝天门大桥	2008	190 + 552 + 190	钢桁拱
2	上海卢浦大桥	2003	100 + 550 + 100	钢箱拱
3	香溪长江公路大桥	2019	519	钢桁拱
4	合江长江大桥	2012	500	钢管混凝土拱桥
5	巫山长江大桥	2004	460	钢管混凝土拱桥
6	柳州市官塘大桥	2019	457	钢箱拱
7	南广高铁西江特大桥	2012	450	钢箱拱
8	宁波明州大桥	2010	100 + 450 + 100	钢箱拱
9	支井河大桥	2008	430	钢管混凝土拱桥
10	广州新光大桥	2006	428	钢管混凝土拱桥
11	重庆菜园坝大桥	2007	102 + 420 + 102	钢箱拱
12	大宁河特大桥	2009	400	钢桁拱
13	益阳茅草街大桥	2006	368	钢管混凝土拱桥
14	广州丫髻沙大桥	2000	76 + 360 + 76	钢管混凝土拱桥
15	万州长江铁路桥	2006	168.7 + 360 + 168.7	钢箱拱
16	大胜关长江大桥	2009	336	钢桁拱
17	佛山东平大桥	2006	96 + 300 + 96	钢箱拱
18	南宁大桥	2009	300	钢箱拱
19	武广客运专线珠江东平水道桥	2009	99 + 242 + 99	钢桁架拱桥
20	厦深客运专线榕江特大桥	2013	110 + 220 + 220 + 110	钢桁梁柔性拱
21	九江长江大桥	1992	216	钢桁梁柔性拱
22	柳州广雅大桥	2013	63 + 210 + 210 + 63	飞雁式钢箱拱桥
23	杭州九堡大桥	2012	3 × 210	梁-拱组合体系
24	厦门五缘湾大桥	2004	208	钢箱拱
25	福厦客运专线闽江特大桥	2009	198	钢桁梁柔性拱
26	南宁罗文大桥	2015	50 + 180 + 180 + 50	飞雁式钢箱拱桥
27	攀枝花 3 号桥(密地大桥)	1969	180	上承式钢桁架拱桥
28	攀枝花 2 号桥(渡口大桥)	1966	180	上承式钢桁架拱桥
29	宁波姚江大桥(湾头大桥)	2009	48 + 180 + 48	下承式钢桁拱
30	广州珠江白沙河大桥	2008	150	单拱肋系杆钢箱拱桥

由于经济条件的限制,2000 年以前,钢拱桥在我国修建较少。2000 年以后,钢拱桥的建设日益增多。与其他拱桥相比,钢拱桥在我国广泛应用的时间还比较短,设计、制造与施工等方面的经验还不成熟,理论研究与规范制定还有许多工作要做。

3. 钢箱拱桥发展现状

钢拱桥的主拱主要分实腹式拱肋和桁式拱肋,实腹式拱肋截面常用的形状有工字形、H形、圆形和箱形。在我国钢拱桥一般应用于大跨径拱桥,通常都采用箱形截面拱肋,即钢箱拱桥,我国具有代表性的钢箱拱桥如表1-3所示。

我国具有代表性的钢箱拱桥 表1-3

序号	桥 名	建成年代	跨径(m)	结构形式
1	上海卢浦大桥	2003	100+550+100	钢箱拱
2	柳州市官塘大桥	2019	457	钢箱拱
3	南广高铁西江特大桥	2012	450	钢箱拱
4	宁波明州大桥	2010	100+450+100	钢箱拱
5	重庆菜园坝大桥	2007	102+420+102	钢箱拱
6	佛山东平大桥	2006	96+300+96	钢箱拱
7	南宁大桥	2009	300	钢箱拱

钢箱拱桥的结构形式多样,已建的钢箱拱桥结构形式主要有:有推力式拱桥、系杆拱桥、飞雁式拱桥、主拱-副拱协作式系杆拱桥等。主要的施工方式有斜拉扣挂缆索吊装、转体法施工、大节段整体提升等。

4. 国内具有代表性的钢箱拱桥施工方法

1)上海卢浦大桥

(1)结构形式。

上海卢浦大桥主桥跨径100m+550m+100m飞雁式钢箱拱桥,矢跨比1/5.5,拱轴系数1.6,效果图如图1-1所示。

图1-1 卢浦大桥桥型布置效果图

(2)拱肋。

拱肋倾角约为10°。拱肋截面形状为陀螺形。中拱总高6.0~9.0m,边拱总高7.0~9.0m。拱肋上半箱为矩形截面,宽5.0m,中跨部分从拱脚6.0m高渐变至拱顶的3.0m高,边跨部分则为4.0~6.0m高;下半箱为倒梯形截面:顶宽5.0m,底宽3.0m,高3.0m。中拱顶板厚度 30 ~ 32mm，拱梁结合段加厚至 65mm；底板厚度 42 ~ 45mm，拱梁结合段厚度 65mm；腹板厚度 22mm，拱梁结合段厚度 32mm；中板厚度 20mm，拱梁结合段厚度 30mm；边拱顶板厚度 30mm，底板厚度 40mm，腹板厚度 20mm，中板厚度 20mm。拱肋加劲采用 T 形加劲，拱肋截面及主梁形式如图 1-2 所示。

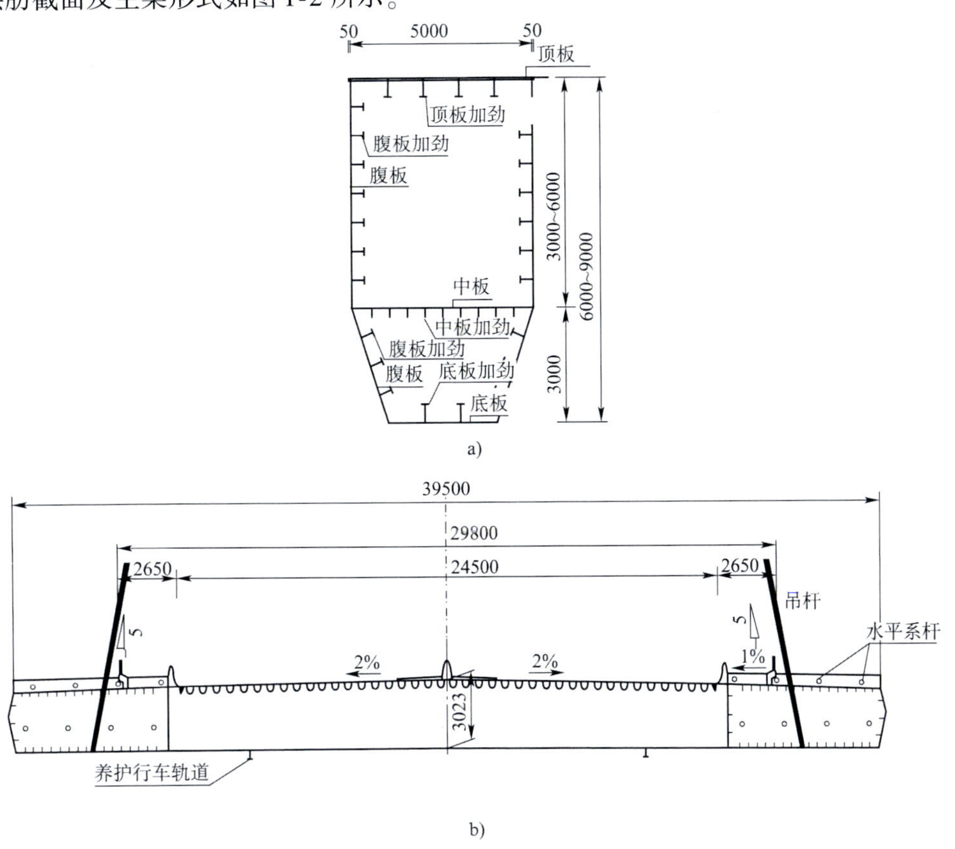

图 1-2 拱肋截面及主梁形式(尺寸单位:mm)

(3)主桥箱梁。

箱梁宽 39.5m、高 2.7m。顶板厚度 14mm，U 形加劲厚度 8mm，横梁间距为 3.375m。

(4)系梁及横梁。

边跨三角区系梁截面为闭口钢箱梁。箱梁宽 41.0m、高 2.7m。顶板厚度 13mm，U 形加劲厚度 6mm，底板厚度 10mm，横梁间距 3.375m。边跨系梁与拱肋、立柱、边拱末端横梁、中跨拱梁结合段横梁固结。边拱末端横梁、中跨拱梁结合段横梁是联系拱肋之间以及拱梁之间的重要构件。中跨系梁为开口钢箱梁，即双主梁(箱梁) + 横梁结构体系。中跨系梁通过吊杆支撑于拱肋之上。中跨系梁两端则通过支座与中跨拱梁结合段横梁相连接。

(5)吊杆与水平拉索。

中跨吊杆顺桥向间距 13.5m，共 28 对，为双吊杆。吊杆横桥向与拱肋在一个平面内(对倾 1:5)。全桥共有 2 组水平拉索，布置在两片边拱拱端，每组由 8 根拉索组成。拉索采用预制平行钢丝索、冷铸锚具。水平拉索的总索力(1.7 ~ 1.8) $\times 10^5$kN，用以平衡中跨拱肋的恒载水平推力。

(6)风撑。

桥面以上全桥共设27道风撑,水平间距13.5m,风撑为变高度矩形截面,顶底板分别与拱肋的顶板、中板对齐。桥面以上第一道风撑高约4.3m,宽4.1m,其他风撑高4.115~2.942m,宽2.1m,桥面以下每侧边拱、中拱分别设2道K撑。K撑亦为矩形截面,高约2.6m,宽2.6~3.1m。

(7)拱座设计。

拱座既是中跨、边跨拱肋及大立柱的连接节点,同时又是上部钢结构与下部混凝土承台的连接节点。拱肋通过拱座传递的垂直分力和水平分力达(2~3)×10^5kN;施工时拱座还传递大立柱的巨大垂直力;为克服1/5倾斜拱轴线产生的横桥向水平分力而施加的水平预应力也作用在拱座上。作为这些力系交会点的拱座受力复杂,是设计的关键节点。拱座设计采用钢-混凝土混合拱座,分为上部钢拱座和下部混凝土拱座,即拱肋中板以上的矩形部分采用钢拱座将中跨与边跨连接,拱肋中板以下的梯形部分通过端板直接作用在混凝土拱座上。拱肋的大部分顺桥向水平分力直接通过钢拱座传递,达到相互平衡的目的,垂直分力及不平衡的顺桥向水平分力、弯矩则由钢拱座底板、中跨、边跨拱肋端板共同作用传递至混凝土拱座。横桥向水平分力通过承台系梁中的水平拉索平衡锚固在混凝土拱座上。大立柱的垂直力通过钢拱座传递给混凝土拱座及承台。

(8)施工方案。

上海卢浦大桥主拱采用缆索吊装、斜拉扣挂法施工,施工现场如图1-3所示。

图1-3 上海卢浦大桥施工现场

2)南广高铁西江特大桥

(1)结构形式。

南广高铁西江特大桥为跨径450m中承式钢箱提篮拱桥,矢跨比1/4,拱轴系数1.8,桥型布置如图1-4所示。

(2)拱肋。

拱肋采用单箱三室的钢箱拱肋,材料为Q345qD,拱脚处两拱肋间距34m,拱顶处间距12.34m,桥面处拱肋中心距26.55m,内倾角为5.5°,提篮拱形式。拱肋采用变截面形式,截面宽5m,拱顶截面高9m;拱脚处截面高15m,拱肋顶、底板厚50mm,腹板厚24cm,隔板厚20mm,钢箱拱肋截面如图1-5所示。

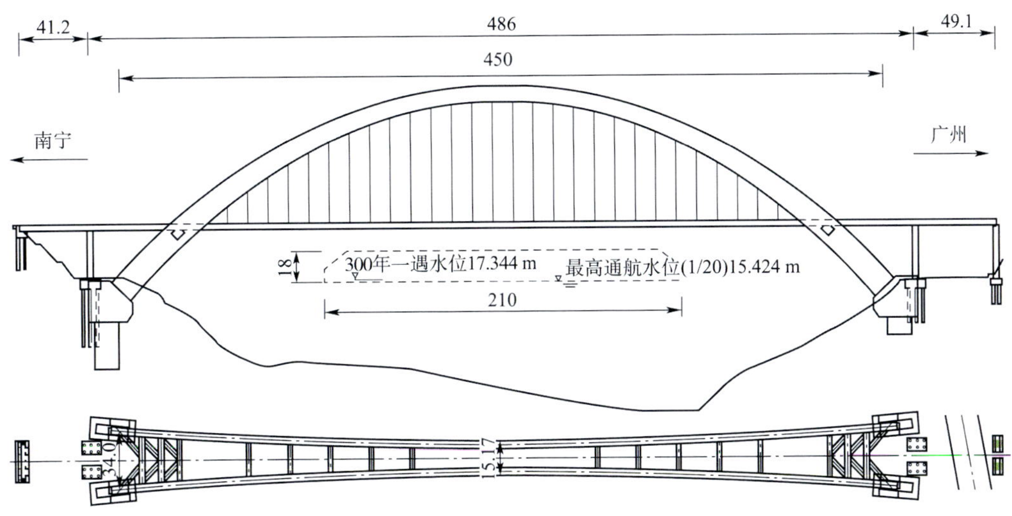

图 1-4 西江特大桥桥型布置图(尺寸单位:m)

(3)主梁。

主桥桥面系:采用钢纵横梁+混凝土桥面板体系,主纵梁中心距为20m,采用3m×2m的箱形截面,钢箱顶底板厚40mm,腹板厚32mm,横梁高3m,支座处为箱形截面,其余为工字形截面;在两主纵梁之间设置6道普通纵梁,为工字形截面,高3m,宽0.6m,板厚24mm,其中每线铁路下设置2道,另外2道用于吊挂钢桥面系检查车;混凝土桥面板厚40cm,通过剪力钉与桥面的钢纵横梁相连。

(4)吊索。

采用高强度低松弛平行钢丝束,锚头为冷铸墩头锚,主跨共布置15对吊杆,间距12m,靠近桥面系的2根采用283根ϕ7mm的平行钢丝束,其余为211根φ7mm的平行钢丝束。

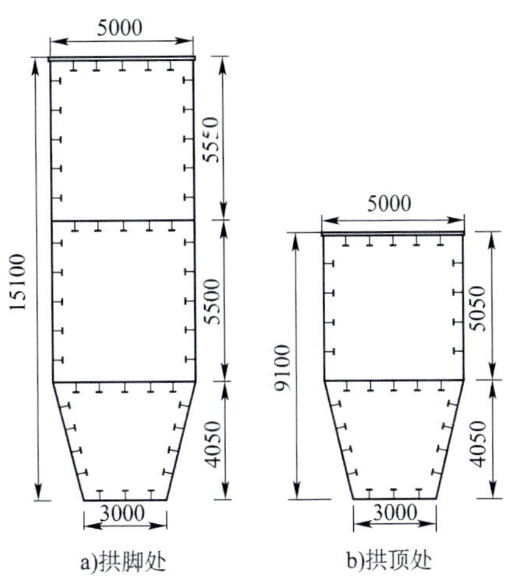

图 1-5 西江特大桥钢箱拱肋截面(尺寸单位:mm)

(5)拱座。

拱座采用C40混凝土,拱肋深入台座部分10m,与混凝土台座在拱脚处固结,全桥共4个拱座,拱座宽12m、高23.52m,配置三向普通钢筋,通过在钢箱内外表面设置剪力键、剪力钉,使之与混凝土更好地黏结。

(6)连接构造。

拱肋在与桥面系相交处设横梁,横梁与桥面系主纵梁通过支座连接。其中,南宁侧拱肋与桥面相交处设固定支座,广州侧拱肋与桥面相交处设滑动支座,纵桥向设置阻尼器,拱肋与拱座固结,吊杆与横梁进行刚性连接。

(7)施工方案。

拱肋采用缆索吊悬臂节段拼装法施工,拱肋每个节段水平投影长度为12m,最大安装质量为300t。每段拱肋由拱上起重机起吊拼装，然后与扣塔进行连接，移动拱上起重机，再进行下节段的拼装，直至拱肋合龙。拱肋合龙之后采用拱上起重机吊拼桥面系，进行桥面系施工。

3)南宁大桥

(1)结构形式。

南宁大桥主桥为300m跨径的曲线梁非对称外倾拱桥。东侧拱肋计算跨径300m，计算矢高82.92m，折算矢跨比为1/3.62，东侧拱肋平面与水平面的夹角为69.71599°；西侧拱肋计算跨径300m，计算矢高86.74m，折算矢跨比为1/3.46，西侧拱肋平面与水平面的夹角为66.54158°。南宁大桥全景效果图如图1-6所示。

图1-6 南宁大桥全景效果图

(2)拱肋。

钢箱拱肋采用等宽变高的单箱室截面，拱肋宽7.4m，拱肋高度由拱顶的5.6m渐变至钢箱拱脚位置的10m。拱肋标准节段面板厚20mm；箱内纵向加劲肋采用扁钢加劲肋形式，纵向加劲肋与横隔板之间不连接。拱肋吊装节段长17.7~21.5m，最大吊重180t。

(3)主桥箱梁。

主梁采用单箱单室扁平流线型全焊钢箱梁，全宽30.016m，中心高3.5m，钢箱梁顶板、上斜腹板厚14mm，底板、下斜腹板厚12mm。

(4)吊索。

吊索纵向间距9m，全桥共设置26对。全桥吊索采用横向双索体系，索体采用109 ϕ5.0mm平行镀锌钢丝平行成品索，最短索长19.5m，最长索长58.5m。

(5)系杆。

主桥钢箱梁内共设置了32束系杆，分为4组，每组8束，每束由24根ϕ15.2mm镀锌钢绞线组成。全部系杆设置于钢箱梁内，并锚固于肋间平台的锚固横梁上。

4)佛山东平大桥

(1)孔跨布置。

佛山东平大桥主桥为钢拱-连续梁协作体系，跨径组合为43.5+95.5+300+95.5+43.5(m)。城市主干道Ⅰ级标准，双向八车道，全桥宽48.6m，桥型布置如图1-7所示。

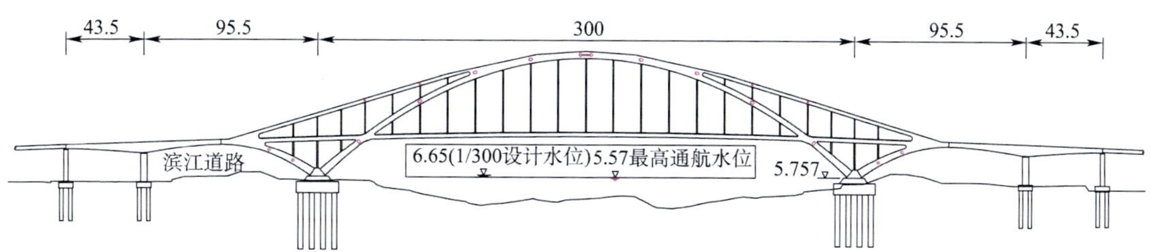

图1-7 佛山东平大桥桥型布置图(尺寸单位:m;高程单位:m)

(2)结构形式。

主拱为跨径300m、矢跨比1/4.55的悬链线。全桥拱肋均采用钢箱,箱宽1.2m,桥面以上拱肋截面高3.0m,桥面以下拱肋截面高3.0~4.5m;拱顶段主、副拱肋合并,截面高4.0~7.2m;副拱肋线形为直线-圆曲线的组合线形,拱肋截面高2.0m,如图1-8、图1-9所示。

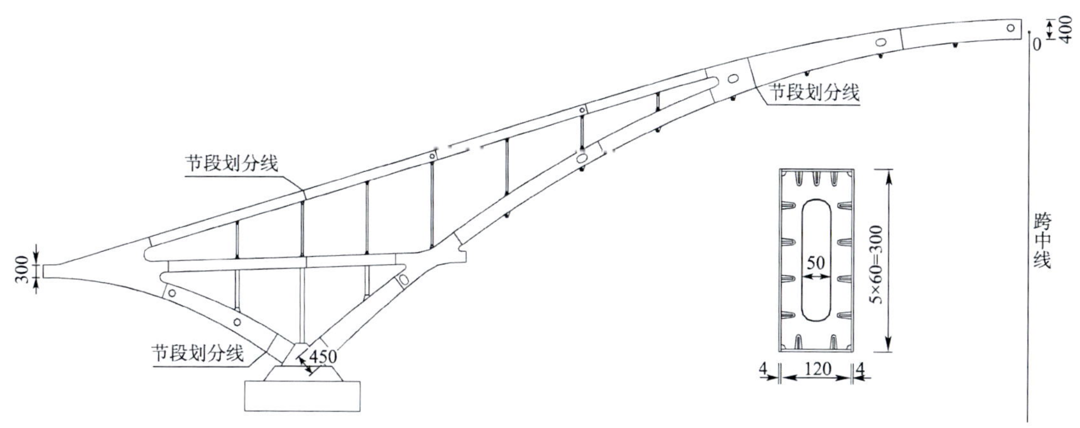

图1-8 拱肋一般构造图(尺寸单位:cm)

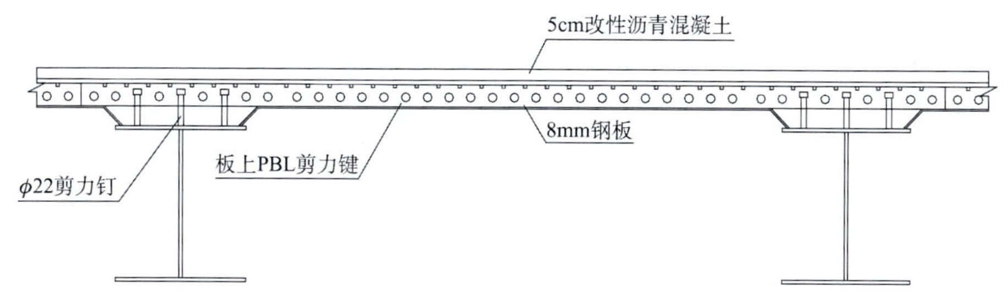

图1-9 桥面板的构造图

两岸边跨半拱为净跨径49.1m、净矢跨比1/6的抛物线。拱肋截面高由3.0m向4.5m渐变,其端头与系杆箱、副拱肋合并。边跨拱肋箱宽为1.2m,箱内灌注C40混凝土,钢箱与混凝土间采用纵向加劲肋上开孔成为PBL抗剪键的锚固连接。

(3)主梁。

桥面梁由3道主纵梁(即钢系杆)、两道次纵梁和主、次横梁组成格子桥面梁;格子梁上设置8mm厚钢板,再现浇12cm厚钢纤维混凝土,形成钢-混凝土组合桥面板。桥面格子梁间的全部构件采用高强度螺栓连接。

桥面3道纵梁既为桥面主纵梁，又为平衡拱圈水平推力的系杆。其箱形截面尺寸采用1.2m×2.2m。钢系杆在主跨跨中设置张拉合龙接头。

(4)吊杆。

吊杆采用H形截面型钢，与主、副拱肋及钢系杆同宽为1.2m，吊杆与拱肋、钢系杆通过高强度螺栓拼接连接。全桥钢吊杆、上立柱腹板均合理设计了孔洞，提高桥梁抗风性能。

两岸边跨预应力混凝土连续梁与主跨拱肋的连接，因两岸连续梁为5肋，主跨拱圈为3肋，其中有2肋无法与拱肋对接，因此，连接段接头设置了预应力钢箱混凝土端横梁，使连续梁纵肋与钢拱肋及两者桥面板均为固结连接。

(5)施工方案。

本桥施工采用提升竖转，再平转合龙的施工工艺，如图1-10、图1-11所示。

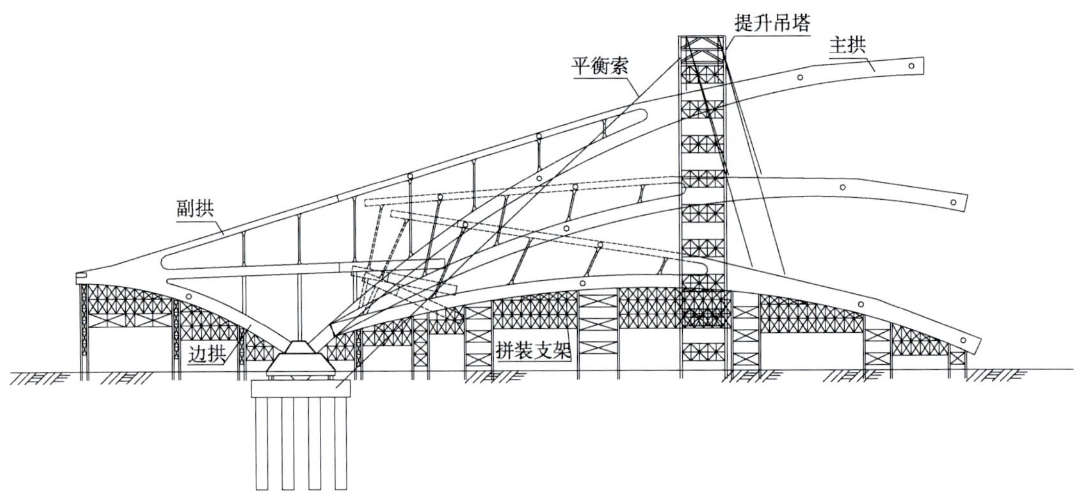

图1-10　竖转施工过程示意图

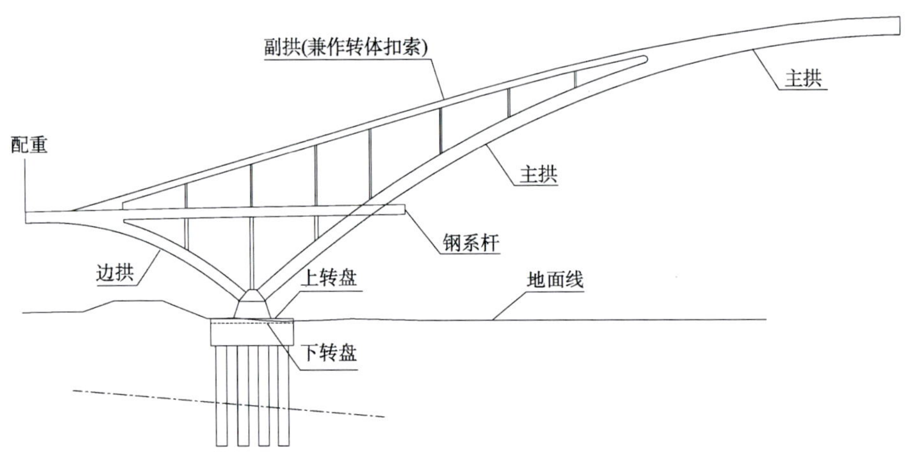

图1-11　平面转动体系示意图

第二节 柳州市官塘大桥工程概况

一 工程简介

柳州市官塘大桥位于柳州市中心偏东北方向，横跨柳江，西接莲花大道，连接柳北片区、河东片区，东连柳州汽车城的东环大道及大学西路，通向广西柳州汽车城；用于解决老城区与柳东新区的三门江大桥上下班高峰时段拥堵严重问题，河东北片区与柳东新区的交通瓶颈，对促进柳东新区的经济发展具有积极作用。柳州市官塘大桥西岸立交实景如图 1-12 所示。

图 1-12 柳州市官塘大桥西岸立交实景

主桥为中承式钢箱拱桥，结构体系为有推力提篮式体系。主桥钢箱拱肋拱轴线为悬链线，计算跨径为 457m，净跨径为 450m，净矢高为 100m，矢跨比为 1∶4.5，拱平面与竖直平面的夹角为 10°。钢箱拱肋采用等宽变高的单箱单室截面，钢箱高度沿拱轴线呈线性变化，由跨中的 6m 渐变至 N1 节段的 10m。全桥钢箱拱肋共划分为 58 个节段，其中拱脚处拱肋结构为钢-混凝土结合段，其余部分为钢箱拱肋段，节段最大质量 304.1t，拱肋之间设置 1 道肋间横梁和 8 道一字横撑。主桥采用单箱单室扁平流线型全焊钢箱梁，全桥钢箱梁共划分为 44 节段，节段最大质量 245t。吊索采用横向双索体系，全桥吊索共 148 根。官塘大桥主桥构造如图 1-13 ~ 图 1-16 所示。

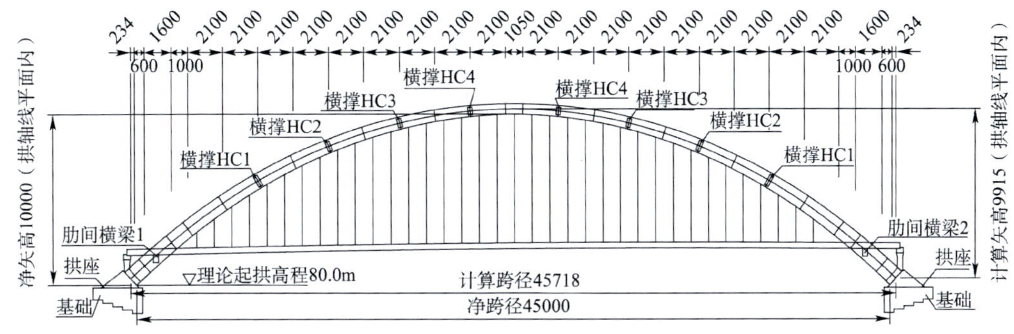

图 1-13 官塘大桥主拱节段及横撑布置侧面图（尺寸单位：cm）

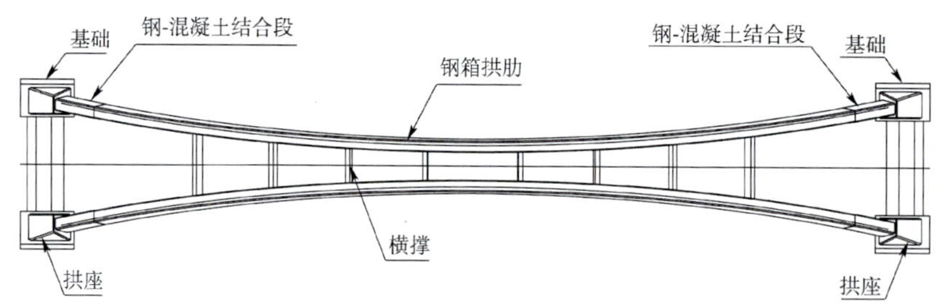

图 1-14 官塘大桥主桥平面布置图(尺寸单位:cm)

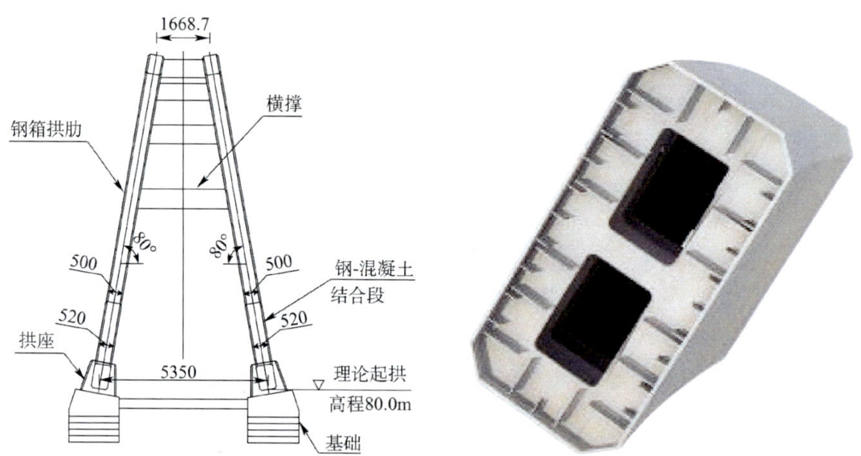

图1-15 官塘大桥主桥正面图(尺寸单位:cm)

图 1-16 官塘大桥拱肋模型图

二 主要技术指标

(1)道路等级:城市快速路。
(2)计算行车速度:主线 60km/h,匝道 30km/h。
(3)设计荷载:城—A 级。
(4)车道数:主线双向六车道。
(5)设计洪水频率:1/300。
(6)航道等级:内河二级航道。
(7)通航标准:最高通航水位 85.66m,通航净高 13m,净宽 265m。
(8)地震动峰值加速度:0.05g。
(9)设计风速:24.3m/s。
(10)设计安全等级:一级。
(11)设计使用年限:主体结构为 100 年,吊索为 20 年,栏杆、伸缩装置、支座等为 15 年。

三 工程环境和气象特征

1. 工程环境

柳州市官塘大桥桥址位于柳州市中心偏东北方向,横跨柳江,该段河流方向为从北至南,大桥走向呈近东—西,大桥右岸位于柳东村大冲口回龙壁山庄,西接莲花大道,连接柳北片区、河东片区;大桥左岸位于老下窑村南面,东连柳州汽车城的东环城大道及大学西路,通向广西柳州汽车城。大桥设计桥宽约39.5m,跨越的柳江河段水面宽约450m,据四川省交通运输厅公路规划勘察设计研究院实测的桥位河床断面图,河床底高程一般在58.8~63.3m,河床面除近岸坡处起伏稍大外,其余河床较平缓,而柳江河水面高程常年保持在77.5m左右,本段河流水深在14.5~18.0m之间。

大桥沿线地形地貌变化较大,跨越丘陵、河床、柳江河一级阶地及二级阶地。大桥右岸为丘陵地貌单元,在柳江河岸坡处即为上二叠统合山组岩质山体,山体植被发育,山脚处高程为83.0~86.0m,山顶高程约为113.5m,山体坡度一般为30°~40°,而山体在临近柳江河一侧由于人工开凿道路形成坡度较大陡崖,一般为60°~80°,陡崖侧壁发现局部有轻微崩塌痕迹。大桥右岸上下游100m范围内88~64m高程处为土质岸坡,坡度16°~38°(高程78m以下为浸水岸坡),浸水岸坡以上坡体稳定,坡面为稀疏草灌植被覆盖;大桥左岸主要为一、二级阶地及低矮土丘地貌单元,岸坡处为村民耕植用地,一级阶地地面高程一般在77.5~85.0m,二级阶地地面高程一般在85.0~96.0m,而土丘一般位于二级阶地以东地段,上下游100m范围内98m~65m高程处为土质岸坡,坡度12°~22°(高程78m以下为浸水岸坡),坡体稳定,坡面被较茂密植被覆盖。据现场踏勘,两岸岸坡均无崩塌滑坡现象,仅在岸坡和水面线相交处有轻微冲刷现象。

2. 气象特征

柳州市地处亚热带季风区,季风环流影响明显。属于亚热带边缘气候,盛暑漫长,炎热多雨。历年平均气温20.5℃,年变幅±1.3℃内,极端最高气温39.2℃(1953年8月13日),极端最低气温-3.8℃(1995年1月12日)。

柳州市多年平均降水量为1538.44mm,最大降水量为2289.4mm,最小降水量为918.7mm,实测日最大降雨量311.9mm。4~8月雨季雨量占全年的70.4%,年平均日照时间为1634.9h,无霜期332d。

柳州盛行东南风,东西风较少,全年主导风向为北风,年平均风速为2.5m/s,最大风速24.3m/s,柳州年平均气温20.5℃。

四 工程地质、水文地质

1. 工程地质

据现场踏勘调查、收集沿线及附近场地已有的地质资料,结合野外钻探情况及室内土工试验成果分析,按《公路桥涵地基与基础设计规范》(JTG D63—2007)对地基岩土类别的划分标准,整个大桥场区沿线岩土层自上而下划分为:①层素填土,②层耕植土,③层砾砂,④层新近沉积粉质黏土,⑤层粉质黏土,⑥层含岩屑红黏土,⑦层全~强风化泥岩夹粉砂岩,⑧层泥、炭质灰岩,⑨层泥质灰岩夹薄层泥岩。

由于大桥沿线跨越较多地貌单元,现将整个场区桥位线路划分为左岸段、右岸段、河床段3段分别进行评述其岩土层分布特点。

1)左岸段(东岸)

根据钻探揭露,左岸岩土层自上而下分为:②层耕植土,④层新近沉积粉质黏土,⑤层粉质黏土，⑥层含岩屑红黏土，⑦层全～强风化泥岩夹粉砂岩，⑧层泥、炭质灰岩。场区在该段的各岩土层分布特征分述如下：

(1)②层耕植土(Q_4^{ml})。

褐色～黄褐色，含少许有机质土块及植物根系，淋滤作用强烈，表现为亚黏土，经人工耕植作用，原状结构已遭破坏，结构松散，该层分布于拟建大桥左岸大部分地段地表面，揭露层厚0.5～1.0m。

(2)④层新近沉积粉质黏土(Q_4^{al})。

褐黄色～灰黄色，饱和，松散～稍密状，主要成分为黏性土，偶含木炭、有机质及植物残片。该层为河流冲积作用形成，在左岸主要分布于一级冲积阶地及二级阶地前缘地表浅层，揭露层厚1.2～2.0m。

(3)⑤层粉质黏土(Q_3^{al})。

该层粉质黏土根据其状态划分为两个亚层：

其一为$⑤_1$层硬塑状粉质黏土(Q_3^{al})。

褐黄，稍湿，呈硬塑状，无摇振反应，手搓具有粉质感，光滑，干强度高，韧性中等。该层由河流冲积作用形成，是场区主要土层之一。该层主要分布于左岸二级阶地地表浅层，揭露层面埋深0～0.8m，揭露层厚4.5～6.0m。

该层取Ⅱ级土样8件，经过物理力学指标分析，可知该层属于中等压缩性土。

其二为$⑤_2$层可塑状粉质黏土(Q_3^{al})。

褐黄，稍湿，呈可塑状，无摇振反应，手搓具有粉质感，光滑，干强度中，韧性中等。该层由河流冲积作用形成，是场区主要土层之一，该层土在左岸主要分布于一级冲积阶地和二级阶地地表，揭露层面埋深1.0～6.0m，揭露层厚1.5～9.5m。

该层土在整个场区共取Ⅱ级土样28件，在左岸取21件，经过物理力学指标分析，可知该层属于中等压缩性土。

(4)⑥层含岩屑红黏土(Q^{dl+el})。

褐黄色，稍湿，多数呈坚硬状，部分呈硬塑状，摇振无反应，光滑，干强度高，韧性中等，局部含薄层状、片状风化碎岩屑及铁锰氧化物。该层为残坡积及风化作用形成，在左岸该层土主要在二级阶地后缘的KT2探坑及zk25钻孔有揭露，揭露层面埋深0.0m，揭露层厚1.0～3.5m。

该层土在整个场区共取Ⅱ级土样5件，在左岸取1件，经过物理力学指标分析，可知该层属于中等压缩性土。

(5)⑦层全～强风化泥岩夹粉砂岩(T_1l)。

该层基岩为下三叠统罗楼组泥岩夹粉砂岩，灰黄、黄褐色，无泵钻进进尺快，感觉较平稳，局部可锤击钻进，岩芯采取率达80%以上。薄层状构造，层理尚依稀可辨，岩体风化严重，被节理裂隙切割成碎块、碎屑状，手易折断捏碎，部分岩体风化显著，可表现为全风化，手捏具有粉砂感。该层主要分布于场区左岸，部分钻孔有揭露，揭露层面埋深3.5～10.5m(高程73.32～87.98m)，揭露层厚0.5～4.8m。

按《公路桥涵地基与基础设计规范》(JTG D63—2007)附录A.0.1判定，此层岩石类别为软岩；在zk11钻孔中进行该层岩体波速测试，其压缩波平均波速为1494m/s，完整性指数为0.14，按《公路桥涵地基与基础设计规范》(JTG D63—2007)表3.1.4判定，岩体完整程度为极破碎,按《岩土工程勘察规范》(GB 50021—2001)(2009 年版)表 3.2.2-3 划分,岩体基本质量等级为Ⅴ级。

(6)⑧层泥、炭质灰岩(T_1l)。

该层基岩为下三叠统罗楼组泥、炭质灰岩,属于三门江向斜西翼地层,主要分布在左岸全线,以深灰色为主。查阅区域地质资料,其走向大致呈北北东~南南西向,倾向东南,倾角20°~25°,泥质或微晶结构,节理状构造,滴盐酸反应较强烈。按其风化程度不同和岩石的完整性可分为两个亚层:$⑧_1$ 层中风化泥、炭质灰岩及$⑧_2$ 层微风化泥、炭质灰岩。各层特征分述如下:

其一为$⑧_1$ 层中风化泥、炭质灰岩(T_1l)。

深灰色~灰褐色,无泵钻进进尺稍慢,感觉平稳;由于闭合裂隙发育,被机械破碎后,岩芯多呈碎块状及碎屑状,部分呈大块状,较新鲜,局部欠新鲜,性脆质硬,岩块不易击碎,闭合节理裂隙发育,岩芯采取率达 80% 以上。该层在左岸全部钻孔均有揭露,揭露层面埋深1.0~14.9m(高程 65.80~84.52m),揭露层厚为 0.6~6.4m。

在该层中取 6 组岩样做岩石点荷载试验,其饱和单轴抗压强度值为 11.9~38.2MPa,平均值 f_{rm} = 23.7MPa,标准值 f_{rk} = 21.5MPa,按《公路桥涵地基与基础设计规范》(JTG D63—2007)表 3.1.3 判定,该层岩石类别为较软岩。在 zk6、zk7、zk10 和 zk11 钻孔中进行岩体波速测试,其压缩波平均波速为 2488~2627m/s,平均值为 2567m/s,完整性指数为 0.39~0.42,平均值 0.41,按《公路桥涵地基与基础设计规范》(JTG D63—2007)表 3.1.4 判定,岩体完整程度为较破碎,按《岩土工程勘察规范》(GB 50021—2001)(2009 年版)表 3.2.2-3 划分,岩体基本质量等级为Ⅳ级。

其二为$⑧_2$ 层微风化泥、炭质灰岩(T_1l)。

深灰色,送水钻进进尺慢,感觉平稳,岩芯多呈短柱状,部分呈大块状,新鲜,性脆质硬,岩块不易击碎,闭合节理裂隙稍发育,岩芯采取率达 80% 以上。该层在左岸全部钻孔均有揭露,揭露层面埋深 8.8~21.2m(高程 64.80~82.68m),揭露层厚为 0.6~6.3m。

在该层中取 6 组岩样做饱和及干燥下的单轴抗压试验,其软化系数为 0.85~0.88,按《岩土工程勘察规范》(GB 50021—2001)(2009 年版)第 3.2.4 条划分,该层岩石不属于软化岩;另外取 14 组岩样做岩石饱和单轴抗压试验,其强度为 36.6~65.7MPa,平均值 f_{rm} = 47.1MPa,标准值 f_{rk} = 43.4MPa,按《公路桥涵地基与基础设计规范》(JTG D63—2007)表 3.1.3 判定,此层岩石类别为较硬岩。在 zk6、zk7、zk10 和 zk11 钻孔中做该层岩体波速测试,其压缩波平均波速为 3228~3404m/s,平均值为 3342m/s,完整性指数为 0.65~0.71,平均值为 0.69,按《公路桥涵地基与基础设计规范》(JTG D63—2007)表 3.1.4 判定,岩体完整程度为较完整,按《岩土工程勘察规范》(GB 50021—2001)(2009 年版)表 3.2.2-3 划分,岩体基本质量等级为Ⅲ级。

2)右岸段(西岸)

根据钻探揭露,右岸岩土层自上而下分为:①层素填土、②层耕植土、④层新近沉积粉质黏土、$⑤_2$ 层可塑状粉质黏土、⑥层含岩屑红黏土、⑨层泥质灰岩夹薄层泥岩。场区在该段的各岩土层分布特征分述如下。

(1)①层素填土(Q_4^{ml})。

褐色~黄褐色,结构松散~稍密,主要由黏性土组成,含少许碎砖、风化碎块等。该层分布于拟建大桥右岸部分地段的表面，揭露层厚0.5~3.5m。据调查，该层土回填时间为3~5年。

(2)②层耕植土(Q_4^{ml})。

褐色~黄褐色，含少许有机质土块及植物根系，淋滤作用强烈，表现为亚黏土，经人工耕植作用，原状结构已遭破坏，结构松散。该层在右岸分布于部分地段的地表面，揭露层厚1.0~1.1m。

(3)④层新近沉积粉质黏土(Q_4^{al})。

褐黄色~灰黄色，饱和，松散~稍密状，主要成分为黏性土，偶含木炭、有机质及植物残片。该层为河流冲积作用形成，在右岸主要分布在一级冲积阶地及二级阶地前缘地表浅层，揭露层厚0.4~2.0m。

(4)⑤$_2$层可塑状粉质黏土(Q_3^{al})。

褐黄，稍湿，呈可塑状，无摇振反应，手搓具有粉质感，光滑，干强度中，韧性中等。该层由河流冲积作用形成，是场区主要土层之一。在右岸该层主要分布在冲沟及岸坡地带，揭露层面埋深0~2.0m，揭露层厚3.0~8.0m。

该层土在整个场区共取Ⅱ级土样28件，在右岸取7件，经主要物理力学指标分析，可知该层属于中等压缩性土。

(5)⑥层含岩屑红黏土(Q^{dl+el})。

褐黄色，稍湿，多数呈坚硬状，部分呈硬塑状，摇振无反应，光滑，干强度高，韧性中等，局部含薄层状、片状风化碎岩屑及铁锰氧化物。该层由残坡积及风化作用形成。在右岸该层主要分布在丘陵地表浅层，揭露层面埋深0~0.5m，揭露层厚1.0~5.5m。

该层土在整个场区共取Ⅱ级土样5件，在右岸取4件，经主要物理力学指标分析，可知该层属于中等压缩性土。该层红黏土的液限w_L平均值为51.6%，I_r平均值为1.72，$I_r' = 1.4 + 0.0066w_L = 1.74$，按《岩土工程勘察规范》(GB 50021—2001)(2009年版)表6.2.2-3判别，$I_r < I_r'$，场区⑥层含岩屑红黏土收缩后复浸水膨胀不能恢复到原位。

(6)⑨层泥质灰岩夹薄层泥岩(P_2h)。

该层基岩为上二叠统合山组泥质灰岩夹薄层泥岩，主要分布在右岸全线，据查阅区域地质资料，其走向大致呈北北东—南南西向，倾向西北，倾角22°~27°，泥质或微晶结构，薄层状构造，滴盐酸反应较强烈。按其风化程度不同和岩石的完整性可分为3个亚层：⑨$_1$层为全~强风化泥质灰岩夹薄层泥岩，⑨$_2$层为中风化泥质灰岩夹薄层泥岩，⑨$_3$层为微风化泥质灰岩夹薄层泥岩。各层特征分述如下：

其一为⑨$_1$层全~强风化泥质灰岩夹薄层泥岩(P_2h)。

灰黄、黄褐色，无泵钻进进尺快，感觉较平稳，局部可冲锤击钻进，岩芯采取率达80%以上。薄层状构造，层理尚依稀可辨，岩体风化严重，被节理裂隙切割成碎块、碎屑状，局部风化成黏土充填于岩石碎块(屑)中，部分岩体风化显著，可表现为全风化。该层主要分布在场区右岸，在KT1探坑、zk2、zk3、zk23及临河边坡附近钻孔有揭露，揭露层面埋深0~9.0m(高程75.35~109.45m)，揭露厚度变化较大，变化较小的一般为2.5~4.4m，变化较大的可达7.2~15.0m。

按《公路桥涵地基与基础设计规范》(JTG D63—2007)附录A.0.1判定，此层岩石类别为软岩；在zk3和zk8钻孔中做岩体波速测试，其压缩波平均波速为1528~1671m/s，平均值为1600m/s，完整性指数为0.13~0.19，平均值0.16，按《公路桥涵地基与基础设计规范》

(JTG D63—2007)表3.1.4判定,岩体完整程度为极破碎~破碎,按《岩土工程勘察规范》(GB 50021—2001)(2009年版)表3.2.2-3划分,岩体基本质量等级为Ⅴ级。

其二为⑨$_2$层中风化泥质灰岩夹薄层泥岩(P_2h)。

灰黄色、黄灰色,无泵钻进进尺稍慢,感觉平稳,岩芯采取率达80%以上。薄层状构造,层理清晰可辨,泥质灰岩一般层厚在2~7cm,泥岩层厚一般小于1cm,该层中泥岩占10%~20%,泥质灰岩占80%~90%。整层岩体多呈泥质灰岩夹薄层泥岩状产出,岩体风化明显,岩块较硬,须用铁锤方可敲碎。该层在右岸大部分钻孔有揭露,揭露层面埋深1.1~16.0m(高程70.08~94.17m),揭露层厚为0.4~13.4m。

在该层中取6组岩样做岩石点荷载试验,其饱和单轴抗压强度值为14.2~31.9MPa,平均值f_{rm}=21.0MPa,标准值为f_{rk}=20.0MPa,按《公路桥涵地基与基础设计规范》(JTG D63—2007)表3.1.3判定,此层岩石类别为较软岩;在zk1钻孔中做该层岩体波速测试,其压缩波平均值为2364m/s,完整性指数为0.38,按《公路桥涵地基与基础设计规范》(JTG D63—2007)表3.1.4判定,岩体完整程度为较破碎,按《岩土工程勘察规范》(GB 50021—2001)(2009年版)表3.2.2-3划分,岩体基本质量等级为Ⅳ级。

其三为⑨$_3$层微风化泥质灰岩夹薄层泥岩(P_2h)。

深灰色、青灰色,送水钻进进尺慢,感觉平稳,返水,岩芯采取率达80%以上。薄层状构造,层理清晰可辨,泥质灰岩一般层厚3~10cm,较厚可达10~50cm,泥岩层厚一般小于5mm。该层中泥岩约占5%,泥质灰岩约占95%,整层岩体多呈泥质灰岩夹薄层泥岩状产出。岩石新鲜,岩块较硬,敲击声清脆。该层在右岸所有钻孔均有揭露,揭露层面埋深0~29.4m(高程65.30~80.77m),揭露层厚为12.4~27.5m。

在该层中取6组岩样做饱和及干燥下的单轴抗压试验,其软化系数为0.92~0.97,按《岩土工程勘察规范》(GB 50021—2001)(2009年版)第3.2.4条划分,该层岩石不属于软化岩;另外取18组岩样做岩石饱和单轴抗压试验,其强度为38.0~76.1MPa,平均值f_{rm}=54.4MPa,标准值f_{rk}=49.6MPa,按《公路桥涵地基与基础设计规范》(JTG D63—2007)表3.1.3判定,此层岩石类别为较硬岩。在zk1、zk3、zk8和zk9钻孔中做该层岩体波速测试,其压缩波平均波速为3050~3629m/s,平均值为3330m/s,完整性指数为0.63~0.73,平均值为0.68,按《公路桥涵地基与基础设计规范》(JTG D63—2007)表3.1.4判定,岩体完整程度为较完整,按《岩土工程勘察规范》(GB 50021—2001)(2009年版)表3.2.2-3划分,岩体基本质量等级为Ⅲ级。

3)河床段

本次勘察仅在两岸的河床及一级阶地前缘部位布设少量钻孔,其左岸揭露岩层为⑧层泥、炭质灰岩,右岸揭露岩层为⑨层泥质灰岩夹薄层泥岩。根据区域地质构造图及四川省交通运输厅公路规划勘察设计研究院在本场区大桥沿线水域下伏采用水域浅层地震映像法的物探手段可知,场区内的⑧层泥、炭质灰岩与⑨层泥质灰岩夹薄层泥岩在柳江中部呈断层接触,故该两层岩石组成河床段的基岩。同时根据收集到的场区附近下游三门江大桥场区资料可知,河床段基岩上部土层自上而下有③层砾砂、④层新近沉积粉质黏土,这两层均由河流冲积作用形成,新近沉积于河床表面,砾砂层厚度一般在0.3~1.1m,新近沉积粉质黏土厚度一般在1.2~2.0m,两层土叠加厚度一般在2~5m。

2. 水文地质

柳江流域面积5.8万km^2,其发源于贵州省独山,从西北向东南流经贵州省的三都、榕江等县至广西老堡口,后折向南流,经广西融安、融水、柳城等县至凤山与龙江汇合后始称柳江。柳江流经柳州市河段蜿蜒曲折,穿城而过,由于其独特的河道流向把柳州市北部市区绕成三面临水的U形半岛。柳江河流至鹿寨江口镇接纳洛清江水,江流曲折,最后在象州县石化镇与西江干流红水河相会注入黔江。柳江干流全长755km,拟建场区柳江下游已建成红花梯级水利枢纽工程库区,常年蓄水水位约为77.50m。

柳江洪水由暴雨径流汇合而成,降雨的时空分布及其地形特点极易形成中下游大洪水,柳州站最大年平均流量2050m^3/s。洪水特性与流域特性密切相关,具有来势凶猛、暴涨暴落的特点。年最高水位多发生在6月下旬至7月上旬,其发生频率超过50%。每年较明显的洪水过程平均约为15次。一次洪水过程,时间短者3d,长者可达25d。涨水历时较短,占一次洪水过程总历时的1/3~1/2。一次洪水过程的最大变幅可达18m。24h最大涨幅可达12.1m。最大涨率每小时达1.28m,一般涨率每小时0.3~0.5m。

根据柳州站60年实测资料统计,年最高水位的实测最大值是在1996年,洪峰水位为92.96m(黄海高程,下同);年最高水位的最小值是在1963年,洪水位为74.1m。两者相差18.86m。多年平均洪水位为82.22m,年最高水位大部分在84.00m以下,水位超过84.00m约占28.1%,即平均每3.5年发生一次。最大洪峰流量是最小洪峰流量的7.34倍。柳江下游已建成的红花电站为径流式电站,洪水期开闸敞泄,不会对柳州河段洪水的流态产生大的影响。据水文资料,柳江河有记录以来的几次洪水水位如表1-4所列。

历史洪水水位　　表1-4

发生时间	1970年	1988年	1994年 6月17日	1996年 7月19日	2009年 7月5日	2015年 7月5日	2017年 7月5日
水位(m)	89.06	89.56	89.77	92.95	89.63	82.12	84.40

注:表中观测记录资料均为柳江白沙断面处柳州水文站查得。

3. 通航条件

红花电站库区常水位为77.50m,桥位处常水位约为77.95m。由于处于库区,水位常年变化不大,施工期水位按77.95m控制。桥位处河段1/100洪水位为88.50m。

桥位所在河段航道等级为内河Ⅱ级,通航水位为下游红花电站十年一遇水位+84.75m(黄海高程),通航净空高度为10m,净宽为110m。红花电站船闸为单线一级1000吨级船闸,船闸净宽18m,有效尺寸为100m(长)×12m(宽)×3m(门槛水深)。按300t船队过闸,一次过闸吨位600t;按1000吨级单船过闸,一次过闸1000t。

4. 地震效应

根据《中国地震动参数区划图》(GB 18306—2015)附录A和《城市轨道交通结构抗震设计规范》(GB 50909—2014)以及《建筑抗震设计规范》(GB 50011—2010),场区的地震基本烈度为Ⅵ度,设计地震分组为第一组,Ⅱ类场地的地震动峰值加速度为0.04~0.05g,地震动反应谱特征周期为0.35s。

五 工程的主要特点及重点难点

通过对本工程设计图纸、地理环境、水文情况的调查,结合我公司在钢箱拱桥、钢结构施工经验,对本工程特点及重难点分析见表 1-5。

工程特点与重难点分析 表 1-5

序号	工程特点及重难点分析
1	拱肋净矢高 100m,净跨 450m,全桥共 42 个拱肋吊装节段,最大质量 306.6t。节段重、吊装高度高,大吨位钢箱拱肋节段的吊装施工是本工程难点及重点。 (1)钢箱拱肋节段最大质量达 306.6t,最大吊装高度 109.3m,吊装难度大。 (2)拱肋轴线平面与水平面夹角为 80°,向桥梁中线倾斜,施工中测量定位和吊装就位难度大,拱肋节段自身稳定性差。 (3)钢箱拱肋为空间异形结构,合龙段的对位、合龙难度较大。 (4)安装过程中,风荷载对塔架稳定及节段对位影响较大。 (5)安装过程中温度对拱肋空间位置的偏差影响大。 (6)施工过程中需保证航道正常安全通行
2	提篮式钢箱拱桥拱肋节段制造与安装精度要求高、施工难度大。 (1)拱肋节段为空间异形结构,结构形式特殊,精度要求高,制造难度大。 (2)拱肋节段结构截面较大,运输难度大
3	正交异性桥面板流线型扁平钢箱梁制造和安装是重点之一。 (1)钢箱梁制造和安装精度要求较高。 (2)钢箱梁吊索区全宽 44.5m,无索区宽 39.5m,中心高 3.5m。结构尺寸较大、运输困难。 (3)钢箱梁最大吊重 245t,质量较大,吊装难度较大,安全风险高
4	拱座基础基坑围堰、基坑开挖施工是难点之一。 (1)拱座基坑位于柳江河岸边、常水位浸水位线以内,基底标高 63.378m,位于施工水位 +78.0m 高程以下 14.622m,基坑最大开挖深度达 17.622m,围堰施工、深基坑开挖难度较大。 (2)拱座基坑位于泥质灰岩夹薄层泥岩地质,存在熔岩以及节理发育现象,透水等级为弱 ~ 中透水性,基坑开挖时,止水较困难。 (3)拱座基础、拱座为大体积混凝土施工,需有效控制混凝土施工裂缝
5	吊索安装、吊索索力控制及钢箱梁线形控制是重点之一。 (1)吊索均采用横向双索体系,上端设置锚杯锚固于吊点横隔板,下端采用销铰与主横梁连接。 (2)钢箱梁在安装及后期桥面系逐步加载过程中,容易导致钢箱梁线形及吊索索力变化

第三节 总体设计和主桥设计

一 桥位与线路设计

1. 总体平面设计

柳州市官塘大桥工程主线西岸起于莲花大道项目止点 K6 +322,分别上跨滨江路、柳江及沿江路,止于 K7 +477.5,桩号范围为 K6 +322 ~ K7 +477.5,工程主线全长 1155.5m。

官塘大桥项目起点(莲花大道项目止点)桩号:主线为 K6 +322,C 匝道为 CK0 +482.822,D 匝道为 DK0 +309.215。

本项目在进行总体设计时,东岸立交的路线总体平、纵、横均设计为预留。官塘大桥项目止点 K7 +477.5,即主线跨柳江及规划的沿江路后,项目截止。K7 +477.5 以后的东岸立交(主线延伸及双耳形匝道等)不含在本工程范围之内,官塘大桥主线及匝道桥梁预留接口,如图 1-17 所示。

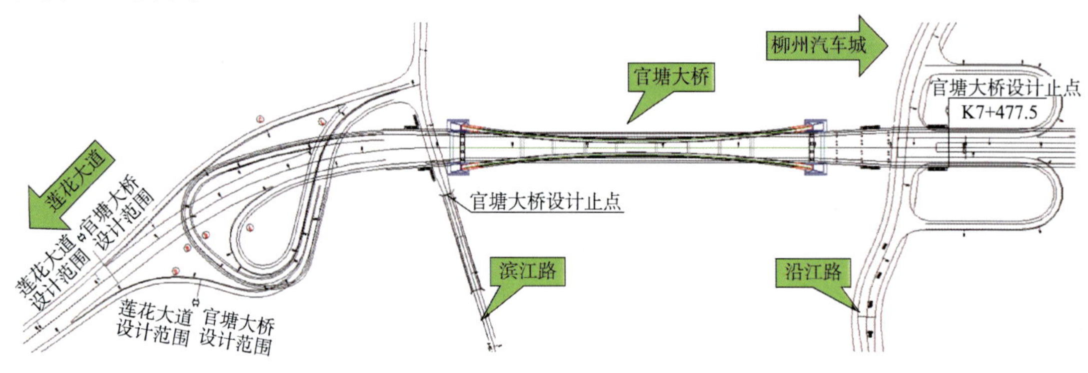

图 1-17　平面设计图

1)主线平面设计

主线全长 1155.5m,共设平面交点 1 个,平曲线半径 600m,最大直线长度 644.911m,路线平面线形顺适,采用的平面技术指标满足规范要求。平曲线范围内设置 2% 超高,不加宽。

2)西岸立交平面设计

西岸立交主要解决滨江路与官塘大桥的交通转换,由于莲花大道未设置非机动车道和人行道,非机动车仅考虑滨江路上下官塘大桥,不考虑至莲花大道,人行考虑滨江路上下官塘大桥。

西岸立交设置 A、B、C、D、E 共 5 条匝道,其中 A 匝道为机动车和非机动车道,B、C、D 匝道为机动车专用车道,E 匝道为非机动车专用道。

A 匝道全长 465.815m,最小平曲线半径 45m,超高 2%,加宽值 1.0m,右侧加宽。

B 匝道全长 589.942m,最小平曲线半径 50m,超高 2%,加宽值 0.9m,右侧加宽。

C 匝道全长 662.011m,最小平曲线半径 400m,超高 2%,不加宽。

D 匝道全长 564.605m,最小平曲线半径 65m,超高 2%,JD1 不加宽,JD2 加宽值 0.7m,右侧加宽。

E 匝道为非机动车专用车道,全长 522.305m,最小平曲线半径 40m,超高 2%,不加宽。

L 匝道为连接线,全长 207.519m,最小平曲线半径 120m,超高 2%,不加宽。

滨江路 K20 +950 ~ K21 +295,调整全长 345m,最小平曲线半径 255m,超高 2%,不加宽。

2. 纵断面设计

1)主线纵面设计

主线纵面设计综合考虑现状接线道路高程、相交道路净空要求、道路排水需要、桥下通航净高和桥梁建筑高度,以及道路两侧其他建筑及地物的原则下进行设计。本项目纵断面

设计考虑的控制高程及控制因素主要有以下几点:

(1)莲花大道止点高程(103.519m);

(2)规划滨江路高程(89.0m);

(3)官塘大桥通航净空高程(最高通航水位84.75m,通航孔净高10m);

(4)沿江路面高程(95.0m)。

主线纵断面设计方案:主线以 -1.6%纵坡顺接莲花大道后,以2%纵坡上升至柳江正上方(K7 +065)后以 -0.5%纵坡至项目止点。

主线全长1155.5m,纵面共设变坡点2个,平均每千米1.73个,最大纵坡2%,最短坡长355m,最小凸形竖曲线半径12000m,最小凹形竖曲线半径8000m,采用的纵面技术指标满足规范要求,纵面线形平顺,如图1-18所示。

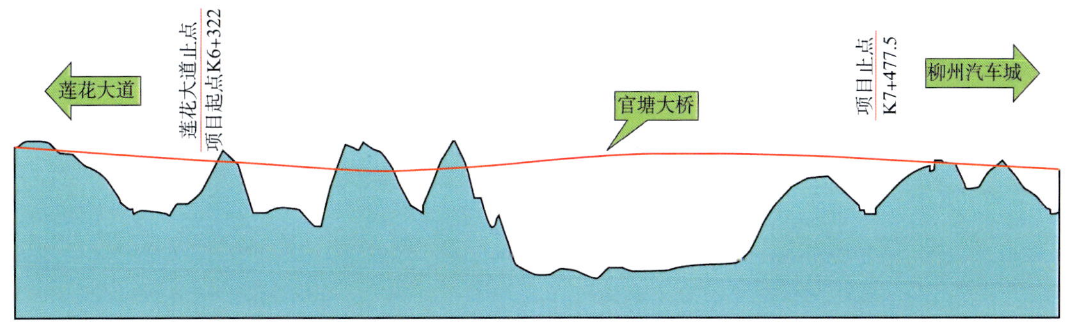

图1-18 纵断面设计图

2)西岸立交匝道纵面设计

A匝道全长465.815m,最大纵坡3%,最小凸形竖曲线半径1400m,最小凹形竖曲线半径9000m,采用的纵面技术指标满足规范要求。

B匝道全长589.942m,最大纵坡3.873%,最小凸形竖曲线半径1300m,最小凹形竖曲线半径2000m,采用的纵面技术指标满足规范要求。

C匝道全长662.011m,最大纵坡3.959%,最小凸形竖曲线半径2000m,最小凹形竖曲线半径3000m,采用的纵面技术指标满足规范要求。

D匝道全长564.605m,最大纵坡3.856%,最小凸形竖曲线半径5000m,最小凹形竖曲线半径3400m,采用的纵面技术指标满足规范要求。

E匝道全长522.305m,最大纵坡2.394%,最小凸形竖曲线半径1400m,最小凹形竖曲线半径2000m,采用的纵面技术指标满足规范要求。

L匝道为连接线,全长207.519m,最大纵坡2.48%,无凸形竖曲线,最小凹形竖曲线半径10000m,采用的纵面技术指标满足规范要求。

滨江路K20 +950 ~ K21 +295,调整全长345m,最大纵坡3.122%,最小凸形竖曲线半径2800m,最小凹形竖曲线半径1300m,采用的纵面技术指标满足规范要求。

3. 横断面设计

(1)官塘大桥主线(莲花大道)标准横断面全宽27.5m,双向六车道,路幅划分如图1-19所示。

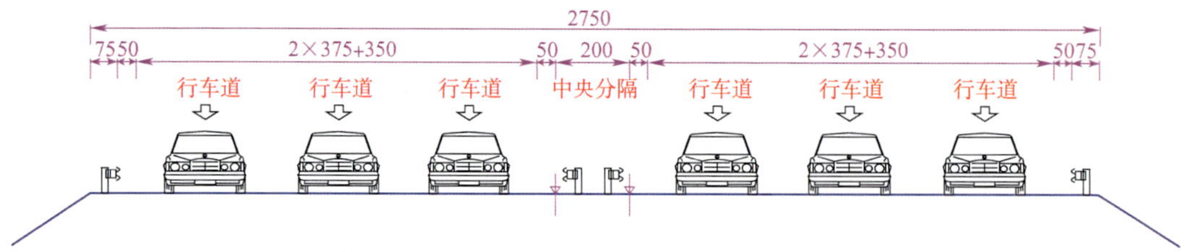

图 1-19　官塘大桥主线(莲花大道)标准横断面(尺寸单位:cm)

(2)主线跨江段主桥有效宽度 39.5m,双向六车道,3.5m 非机动车道,2.5m 人行道,吊索区宽度 1.5m,风嘴 1.0m,钢箱梁全宽 44.5m,如图 1-20 所示。

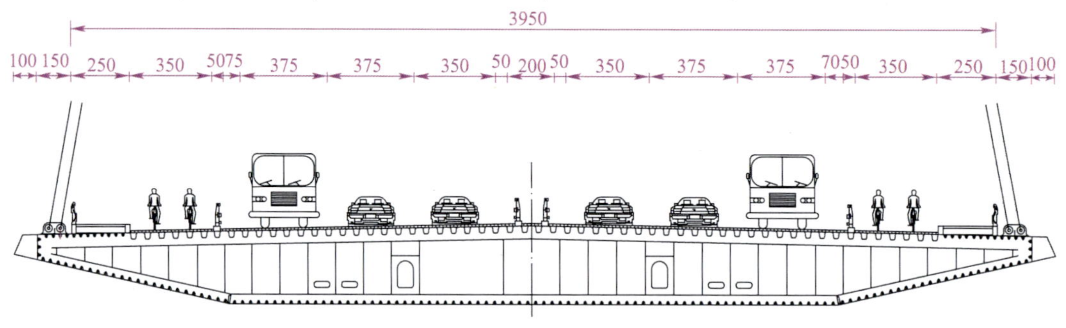

图 1-20　跨江主桥横断面(尺寸单位:cm)

(3)A 匝道标准宽度 12.0m,其中机动车道宽 3.5m,停车带宽 2.75m,非机动车道宽 3.5m,如图 1-21 所示。图中 a 为渐变宽度。

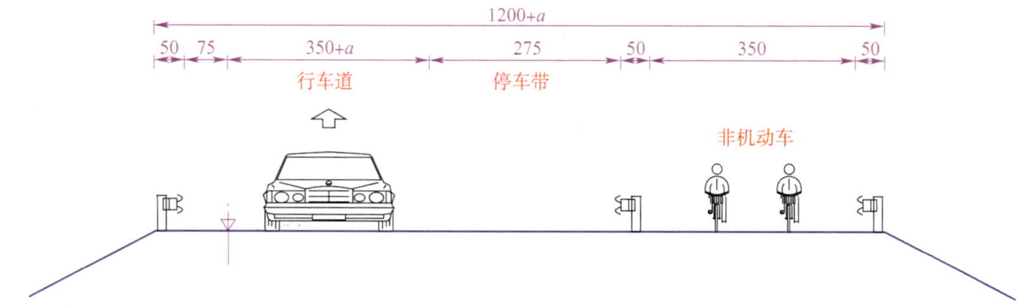

图 1-21　A 匝道标准横断面(尺寸单位:cm)

(4)B、C、D 匝道标准宽度 8.0m,其中机动车道宽 3.5m,停车带宽 2.75m,如图 1-22 所示。

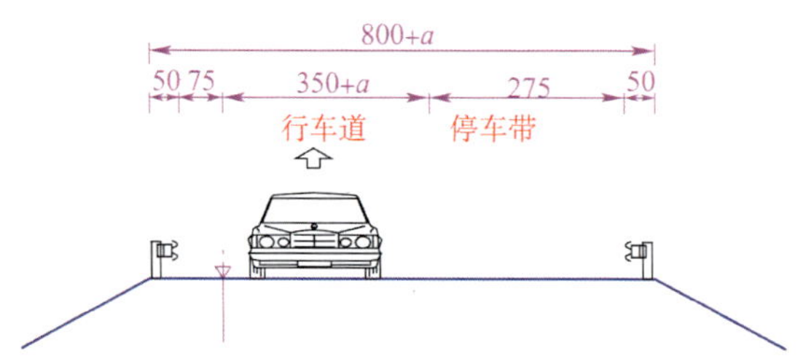

图 1-22　B、C、D 匝道标准横断面(尺寸单位:cm)

(5)E 匝道为非机动专用匝道,标准宽度为 4.5m,如图 1-23 所示。

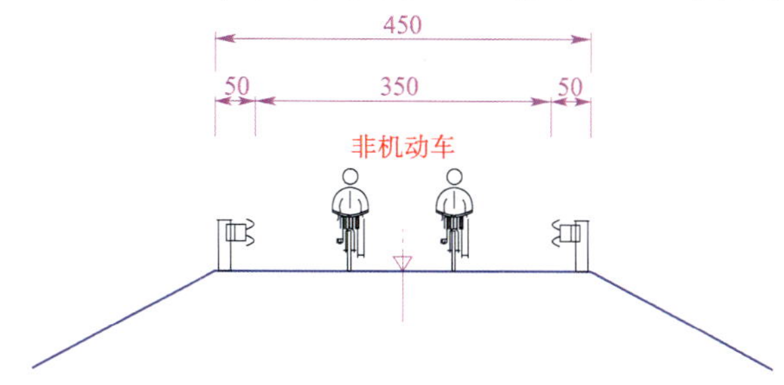

图 1-23 E 匝道标准横断面(尺寸单位:cm)

(6)L 连接线为连接 A、B、D、E 匝道和滨江路之间的路段,标准宽度为 27m,双向四车道,两侧各 3.5m 非机动车道,如图 1-24 所示。

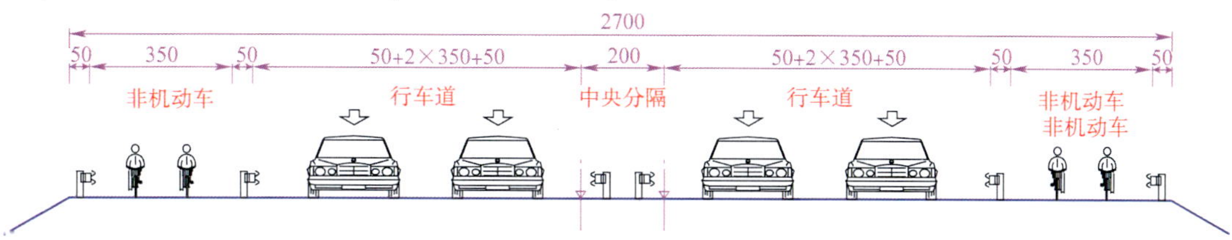

图 1-24 L 连接线标准横断面(尺寸单位:cm)

4. 路拱及超高、加宽

车行道路拱采用直线路拱,横坡 2%,主线设计高程为中央分隔带边缘处高程,超高绕中央分隔带边缘旋转;匝道设计高程为设计线位置处高程,超高设计线旋转。

二 桥梁总体布置及主桥布置

官塘大桥属于柳州市城市总体规划中 15 座城市道路跨江大桥之一,是《柳州市城市总体规划(2010—2020 年)》中"十横七纵"城市主干道路网中柳钢南路—雀儿山路的延长线,是《柳州市近期建设规划(2011—2015 年)》的重点建设项目。柳州市官塘大桥实景如图 1-25 所示。

图 1-25 柳州市官塘大桥实景图

结合桥址处地质环境特点,设计采用457m跨、大推力钢箱提篮拱“柳江新月”桥型结构,一跨过江,与自然景观融合,造型气派宏伟。主拱呈月牙状,如新月初升,娇美玲珑,与龙城相伴,与柳江相依,诗情画意尽在其中;横撑造型采用缩腰、一字撑造型,传力直接,简洁通透,与主拱弧线协调,使大桥显得既稳重又透露出一丝灵动。大桥倒影在江面上,桥面与倒影交相辉映,宛如一只清澈灵动的眼睛,颇有画龙点睛之意,寓意“龙城之眼”。官塘大桥不仅是柳州连接两岸交通的跨江大桥,更是城市发展腾飞的“点睛之眼”。

三 大推力提篮式钢箱拱桥拱座及基础设计

柳州市官塘大桥拱座设计为分离式钢筋混凝土拱座,拱座竖向轴线与水平线夹角为80°,与提篮式拱肋相适应。拱座基础采用钢筋混凝土扩大基础,基础顶面内倾,与水平面夹角为10°。为解决拱座基础巨大推力的问题,纵桥向基础底部与基岩接触面设置成台阶状,以增大基础底面与基岩面的接触面积,抵消纵向水平推力;并在基岩和基础接触面设置间距1m、锚固深度均为1.7m的ϕ28环氧树脂涂层钢筋,增强基础底面与基岩接触面摩擦力。基础纵桥向长30m,横桥向宽16m。每岸分离式拱座基础之间设置预应力混凝土地系梁,以抵消提篮拱横桥向水平推力,如图1-26、图1-27所示。

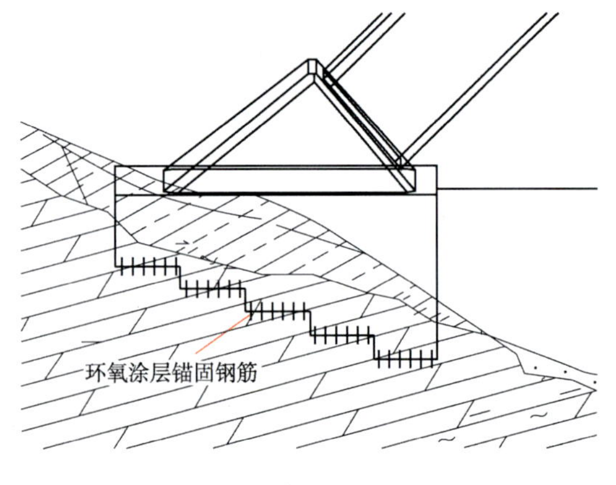

图1-26 锚固钢筋布置图

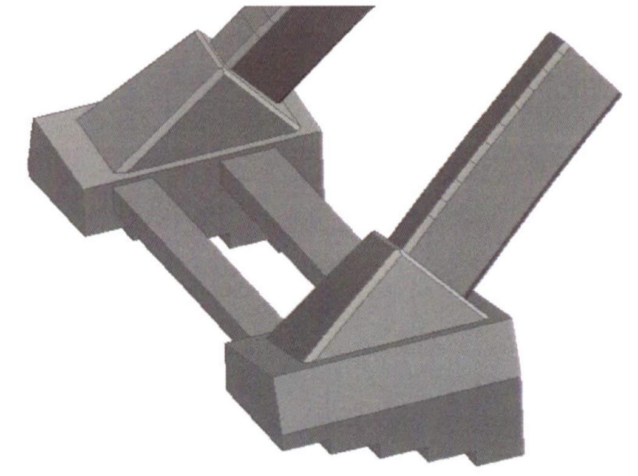

图1-27 拱座三维模型图

1.地基承载力验算结果

采用midas GTS NX桥梁专用分析软件,通过实体单元模拟拱座、基础、地基,通过接触单位模拟基础和基底。将拱脚内力以外力的形式直接施加在拱座上,拱座基础受力如表1-6所示。

拱座基础承受外力　　表1-6

工　况	轴力N(kN)	弯矩M_y(kN·m)	弯矩M_x(kN·m)
弯矩最大	94149	384894	88450
弯矩最小	104542	-171721	88450
轴力最大	117479	256653	20494

根据详勘报告，基底为中～微风化泥、炭质灰岩，中风化泥、炭质灰岩，基本容许值$[f_{a0}]=2500\text{kPa}$；微风化泥、炭质灰岩基本容许值$[f_{a0}]=8000\text{kPa}$，基底摩擦系数分别取0.5和0.6，拱座及基础混凝土量为6500m^3，重度25.5kN/m^3，则拱座及基础总重量为165750kN。采用基础底部固结，其他面采用对称面约束的模式，计算结果如图1-28、图1-29所示。

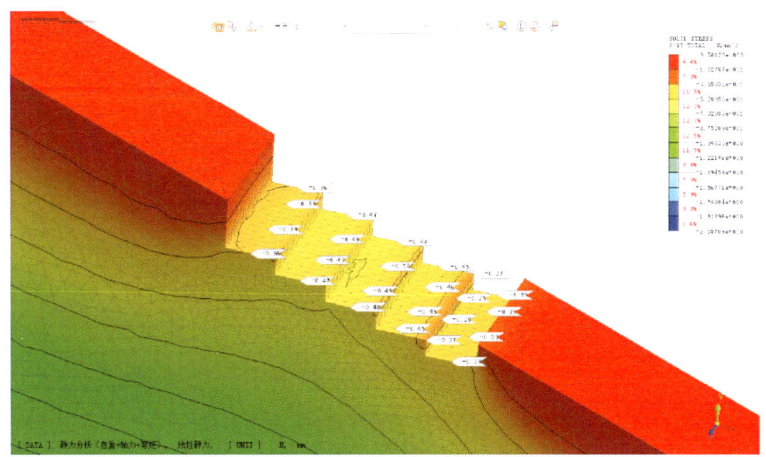

图1-28 拱座地基竖向应力分布（单位：MPa）

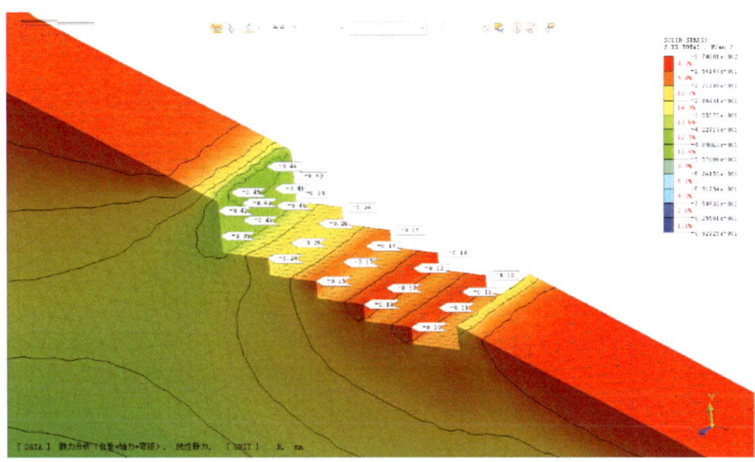

图1-29 拱座地基水平向应力分布（单位：MPa）

根据有限元分析结果表明，拱座地基应力小于地基承载力，地基承载力满足规范要求。

2. 水平、沉降位移验算结果

采用midas GTS NX桥梁专用分析软件，对成桥状态拱座基础水平及竖向位移进行验算，最大纵向理论水平位移、竖向位移均为3.5mm。如图1-30、图1-31所示。

另外采用计算法对拱座基底抗滑动稳定性进行验算：

(1)仅考虑基底摩擦力抵抗水平推力的拱座基底抗滑动稳定性验算：

拱座基底摩擦面如图1-32所示。

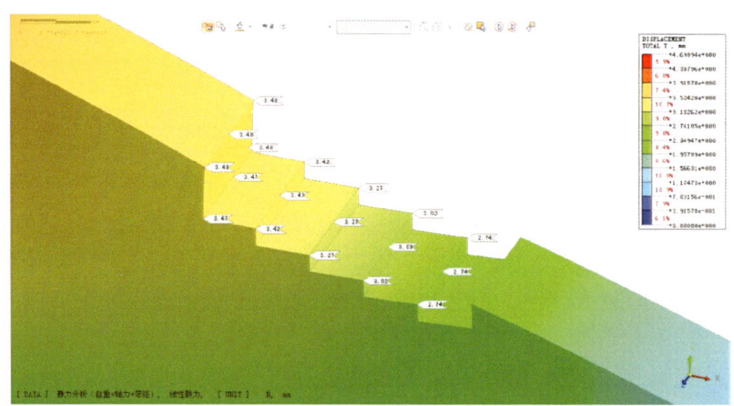

图 1-30　拱座地基水平位移(单位:mm)

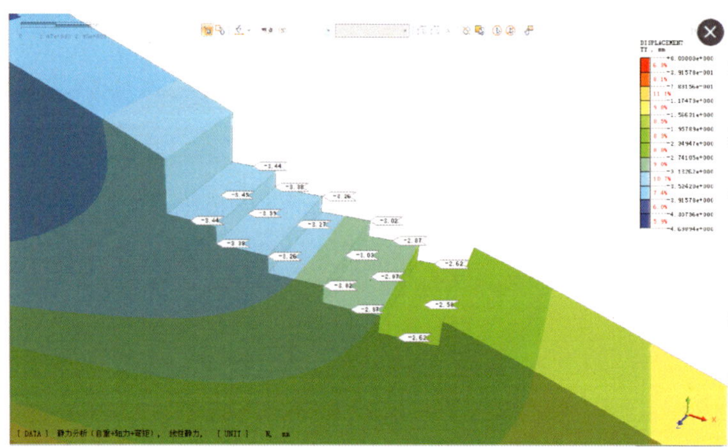

图 1-31　拱座地基竖向位移(单位:mm)

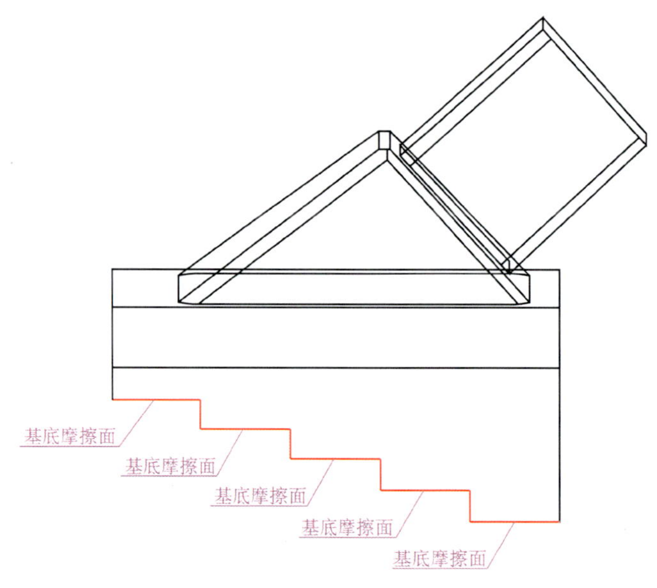

图 1-32　拱座基底摩擦面示意图

①弯矩最大时：

基底摩擦系数$\mu=0.6$时，拱座基底与基岩之间的抗滑摩擦力$F_1=(62799+165750)\times 0.6=137129(\mathrm{kN})$。

拱座基础滑动摩擦力$F=70145\mathrm{kN}$。

拱座基础抗滑稳定系数：

$$k=\frac{F_1}{F}=\frac{137129}{70145}=1.95 \tag{1-1}$$

拱座基础抗滑稳定满足规范要求。

基底摩擦系数$\mu=0.5$时，拱座基底与基岩之间的抗滑摩擦力$F_1=(62799+165750)\times 0.5=114275(\mathrm{kN})$

拱座基础滑动摩擦力$F=70145\mathrm{kN}$。

拱座基础抗滑稳定系数：

$$k=\frac{F_1}{F}=\frac{114275}{70145}=1.63 \tag{1-2}$$

拱座基础抗滑稳定满足规范要求。

②轴力最大时：

基底摩擦系数$\mu=0.6$时，拱座基底与基岩之间的抗滑摩擦力$F_1=(78360+165750)\times 0.6=146466\mathrm{kN}$。

拱座基础滑动摩擦力$F=87527\mathrm{kN}$。

拱座基础抗滑稳定系数：

$$k=\frac{F_1}{F}=\frac{146466}{87527}=1.67 \tag{1-3}$$

拱座基础抗滑稳定满足规范要求。

基底摩擦系数$\mu=0.5$时，拱座基底与基岩之间的抗滑摩擦力$F_1=(78360+165750)\times 0.5=122055(\mathrm{kN})$。

拱座基础滑动摩擦力$F=87527\mathrm{kN}$。

拱座基础抗滑稳定系数：

$$k=\frac{F_1}{F}=\frac{122055}{87527}=1.39 \tag{1-4}$$

拱座基础抗滑稳定满足规范要求。

(2)仅考虑基础台阶面承受水平推力时的拱座基底抗滑动稳定性验算：

拱座基础承压面如图1-33所示。

承压面总面积$A=2\times 4\times 16=128(\mathrm{m}^2)$。

承压面承受最大压力$P_{\max}\leqslant A\times[f_a]=128\times 2500=320000(\mathrm{kN})$

拱座基础抗滑稳定系数：

$$k=\frac{P_{\max}}{F}=\frac{320000}{87527}=3.65 \tag{1-5}$$

拱座基础抗滑稳定满足规范要求。

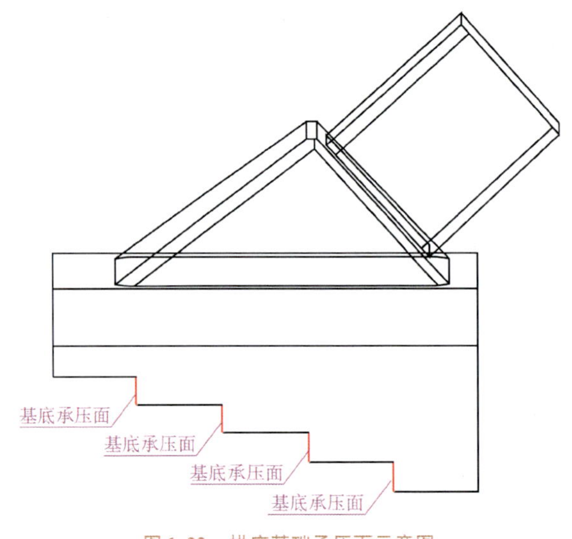

图 1-33　拱座基础承压面示意图

四　有推力提篮式钢箱拱桥结构设计

主桥结构总体计算采用 midas Civil 三维有限元计算分析软件。其中,主拱及横撑、主梁均采用梁单元进行模拟,吊杆采用桁架单元模拟,模型中共有梁单元 4300 个,桁架单元 250 个,节点共计 1971 个。计算模型如图 1-34 所示。

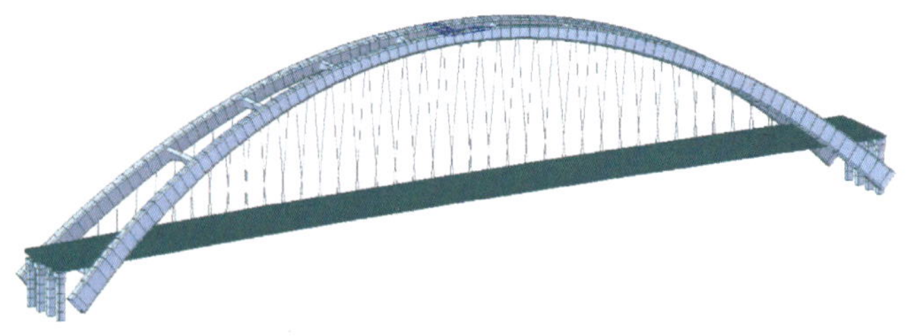

图 1-34　计算模型图

荷载主要考虑恒载、汽车荷载、人群荷载、非机动车荷载、整体升温 25℃,整体降温 -25℃、风荷载进行验算,验算结果汇总如下:

成桥状态主拱钢结构压应力最大值为 -106.7MPa,出现在主拱钢节段与钢-混凝土混合段交界处;混合段混凝土压应力最大值为 -9.0MPa,出现在拱脚位置。成桥状态主拱未出现拉应力。具体应力状况如图 1-35、图 1-36 所示。

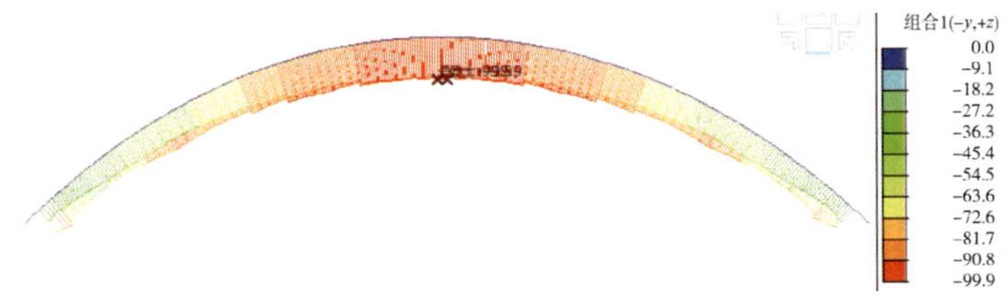

图 1-35　钢箱拱成桥状态上缘应力图(单位:MPa)

图 1-36 钢箱拱成桥状态下缘应力图(单位:MPa)

成桥状态主拱拱脚反力如图 1-37 所示。

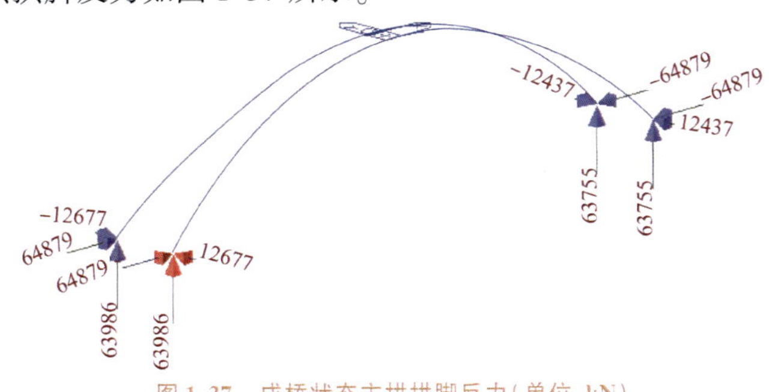

图 1-37 成桥状态主拱拱脚反力(单位:kN)

总体计算仅体现主梁纵向受力,计算所得主梁应力值较小,成桥状态下拉应力最大值为 50.4MPa,压应力最大值为 -27.0MPa,具体如图 1-38、图 1-39 所示。

图 1-38 主梁组合包络上缘应力图(单位:MPa)

图 1-39 主梁组合包络下缘应力图(单位:MPa)

组合包络下吊杆应力最大值为 625.6MPa,安全系数为 1860/625.6 = 2.97 > 2.5,吊杆受力满足要求。吊杆应力如图 1-40 所示。

图 1-40 组合包络吊杆应力最大值(仅示出一半)(单位:MPa)

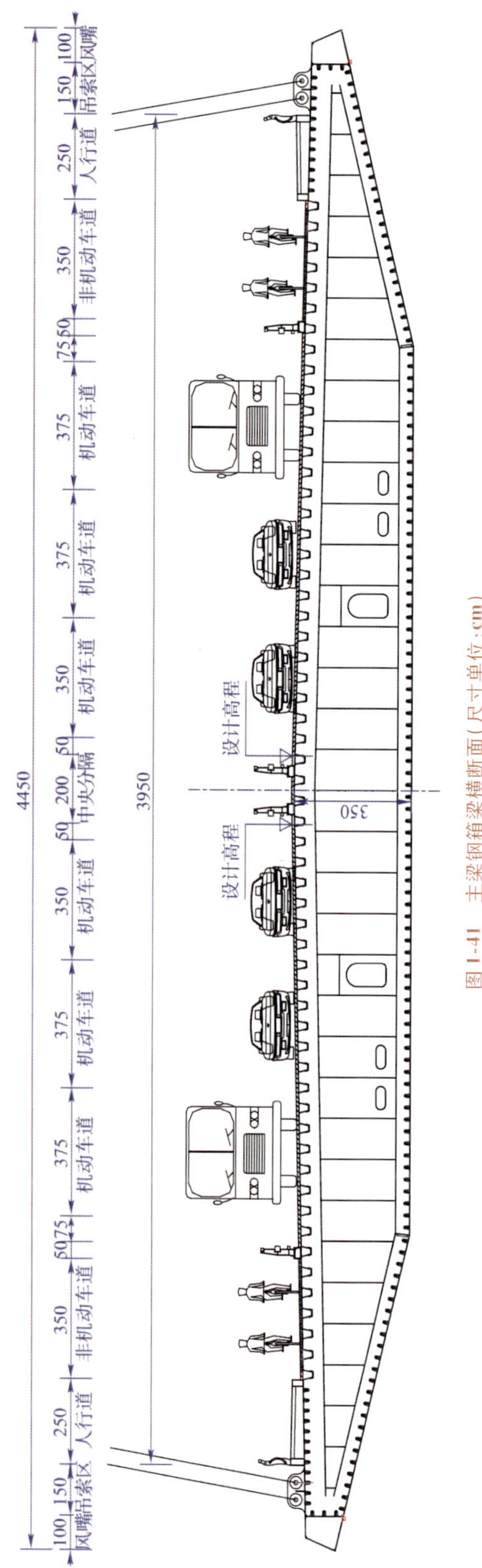

图1-41　主梁钢箱梁横断面(尺寸单位:cm)

五 大跨度提篮式钢箱拱桥钢箱梁结构设计

主桥钢箱梁划分为44个节段,编号分别为1~44号,可划分有索区和无索区梁段。主桥位于R12000m竖曲线上,设计上采用顶板、底板不等长的方式形成梯形,来近似代替竖曲线。主梁钢箱梁横断面如图1-41所示。

主梁采用单箱单室扁平流线型全焊钢箱梁,有索区全宽44.5m,无索区宽39.5m,中心高3.5m(外轮廓)。一般而言,U肋、板式加劲肋均沿箱梁节段通长布置,即横隔板上开孔。为减小焊接定位难度,使制造更加方便,板式加劲肋与横隔板之间不连接。吊点横隔板的吊点区域,为保证吊耳连接板的受力,横隔板上不开孔,板式加劲肋在此予以切断,然后在工厂焊接纵向加劲肋嵌补段。

六 吊索设计

全桥吊索均采用横向双索体系。采用环氧喷涂低松弛钢绞线、整束挤压式锚固的拉索体系。钢绞线外包裹两层1.5mm厚高密度聚乙烯(HDPE),间隙填充防腐油脂。拉索护套采用HDPE。

吊索采用上锚杯、下销铰的双吊索体系,上端锚固于吊点横隔板,下端与主横梁连接。成品索中的钢绞线两端整束挤压,使钢绞线端部胀形为锥体,达到锚头对钢绞线的握裹作用。上端锚固体系主要由锚头、球形螺母、球形垫圈组成张拉端,实现长度调节。下端锚固体系主要由下锚杯、叉耳、销轴组成固定端,连接钢箱梁。吊索上端(拱箱内锚固点)为张拉端。

上下连接筒内、上导管内,均灌注高熔点油脂;连接筒及上导管端部均设置密封圈,以防水气进入锚具内部。上导管下端设置由高阻尼橡胶制造的减振器,如图1-42所示。

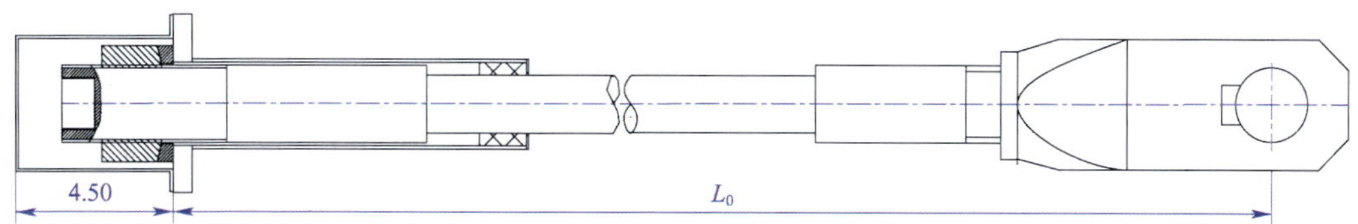

图1-42 吊索布置示意图(尺寸单位:m)

第二章　临江溶蚀透水地质深基坑及拱座施工关键技术

第一节　简　介

拱座基础采用钢筋混凝土结构扩大基础，基础顶面内倾，与水平面夹角为10°。基础纵桥向长30m，横桥向宽16m，纵桥向基础底部与基岩接触面设置成台阶状。拱座为分离式钢筋混凝土拱座，单侧拱座顶部宽约7m，底部纵桥向宽23.5m，横桥向宽11.616m，竖向轴线与水平线夹角为80°，其基础承受的水平推力达175000kN❶。拱座及拱座基础形式如图2-1、图2-2所示。

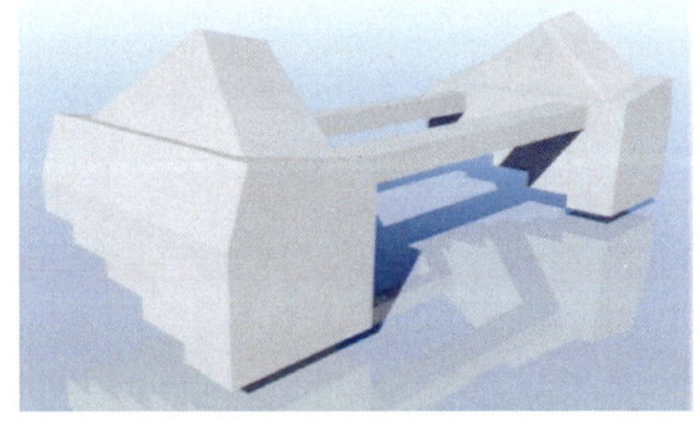

图2-1　拱座及拱座基础三维效果图

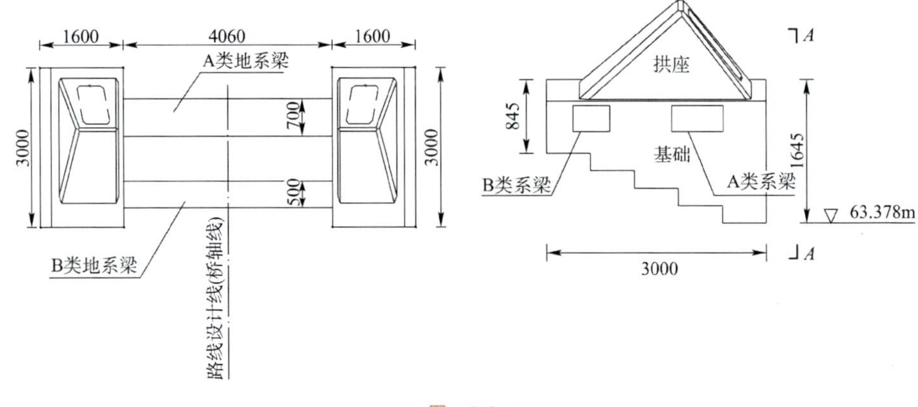

图　2-2

❶　按 $g=10\mathrm{m/s^2}$ 进行水平推力的换算，余下类同。

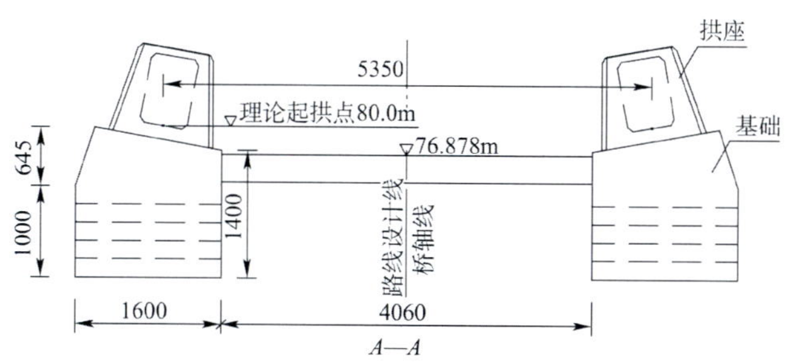

图 2-2 拱座及拱座基础平面、立面、横断面图(尺寸单位:cm)

第二节 施工特点及重难点

为确保基础在水平推力作用下不产生大的位移而影响上部结构受力,对地基处理以及原地质要求极高。根据设计图纸、现场勘察情况,大桥拱座基坑位于柳江河岸边、常水位浸水位线以内,基底位于施工水位以下 14.6m,最大开挖深度达 17.6m,围堰施工、深基坑开挖难度较大;且拱座基坑位于泥质灰岩夹薄层泥岩地质,存在岩溶以及节理发育现象,基坑开挖时止水困难,这都对拱座基础施工带来种种挑战。故拱座基础施工技术研究对于大桥建成具有关键性作用。

一 钢筋混凝土咬合桩支护施工技术

东西岸拱座基坑四周采用钢筋混凝土咬合桩支护,桩径 1.5m,桩间距 1.3m。咬合桩分为 3 种桩型,其中含有钢板的钢筋笼桩基统一命名为 1 型桩基、转角部位钢板的钢筋笼桩基命名为 2 型桩基,剩余的则为 3 型桩基。充分考虑咬合桩的施工工艺和成桩质量,咬合桩总体施工安排为从基坑远离河岸一侧中间开始施工 I 型桩基,然后施工 3 型桩基,咬合桩施工流程如图 2-3 所示。

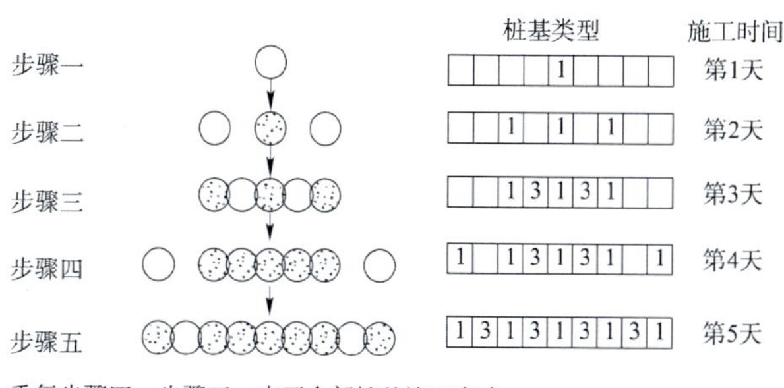

图 2-3 咬合桩施工流程

咬合桩施工顺序如下:

首先根据现场场地布置情况,拟选择 1 型桩基进行钻孔成桩;在已施工完成的 1 型桩两侧跳桩施工两侧 1 型桩;施工已施工完成 1 型桩中间的 3 型桩,为保证咬合质量和满足钻机施工工艺,在施工 3 型桩基时必须保证 1 型桩基桩成桩时间大于 24h 并小于 48h。继续跳桩施工两侧1型桩;施工两侧3型桩。重复以上步骤直至桩基全部完成,期间根据实际情况增减钻机设备,以达到咬合桩施工工艺要求。咬合桩施工如图2-4所示。

a)

b)

图2-4 咬合桩施工图

二 高压注浆与止水帷幕施工技术

为确保基坑底部基岩稳定,达到封闭裂隙、止水目的,基坑开挖前,在基底以下6m进行高压注浆,并在基坑四周支护桩外侧孔位呈双排布置帷幕注浆,提高基坑止水等级,防止基坑沉降、位移产生裂缝渗水。

1. 基底注浆施工

基底注浆孔呈梅花形布置,间距为1.0m,在基坑开挖范围内均布,深度为基坑底以下6m。基底高压注浆施工前根据放样孔位布置轴线,再对其进行插钎定位,移动机器至定位处进行钻孔和注浆施工。

2. 止水帷幕施工

在钢筋混凝土咬合桩外侧设置止水帷幕,土层止水帷幕分2排布置,岩层采用高压注浆。土层止水帷幕采用双管法施工,在部分咬合桩施工完成后进行。土层止水帷幕采用之字形布置,桩间距为0.5m,桩径为0.6m。土层止水帷幕共设置2排,排间距为0.45m,靠近咬合桩一排轴线距离咬合桩为0.25m,旋喷桩与咬合桩叠合0.05m,如图2-5所示。

a)

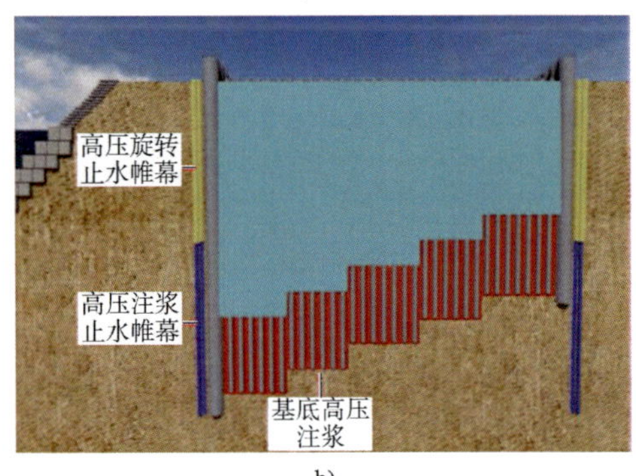

b)

图2-5 高压注浆与止水施工布置图

第三节 拱座及拱肋预埋段施工关键技术

拱座基础混凝土浇筑完成后，采用工字钢及槽钢设置 JH0 段支撑劲性骨架，安装 JH0 段调整至设计位置，安装 JH0 段预应力钢绞线及锚固钢板形成拱肋钢-混凝土结合段，拱座与 JHO 钢箱拱肋预埋段采用建筑信息模型（BIM）防碰撞试验，有效避免了拱肋节段、钢筋、预应力钢绞线、拱肋定位骨架冲突问题。钢混结合段拱肋部分浇筑自密实混凝土，低松弛钢绞线张拉，使钢-混凝土结合段与拱座连接，并对拱座基坑进行分层回填，随后安装 JH1 节段，如图 2-6、图 2-7 所示。

a)

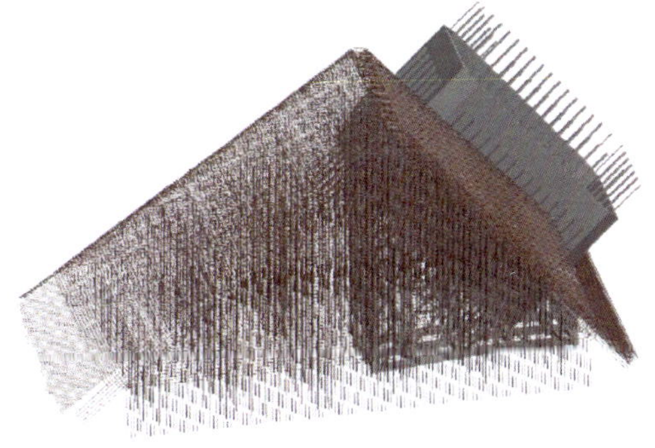

b)

图 2-6 拱座及拱肋预埋段施工

图 2-7 拱座及拱座基础施工完成

第四节 BIM 技术在深基坑施工中的应用

应用 BIM 技术结合全球技术系统（GTS）对基坑的地形、地貌和地勘资料进行三维的建模，根据基坑几何尺寸对土方的数量进行统计，模拟土方开挖的顺序和调配最佳及最优路线，优化基坑支护体系。通过 BIM 可视化模型对施工场地进行合理化布置，合理组织安排机械人员，优化资源配置，避免开挖机械及运输车辆的闲置，增收创效显著，如图 2-8 所示。

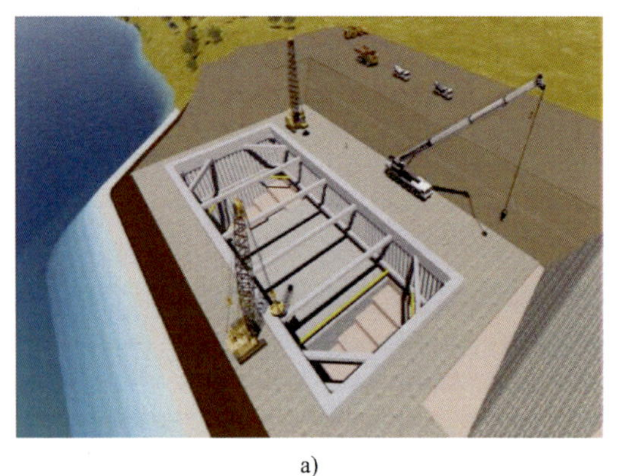

a)

b)

图 2-8　拱座基础施工 BIM 模型及现场实施照片

第五节　深基坑施工监测与检测技术

拱座基坑开挖过程中，在基坑四周设置位移监测点，使用高精度全站仪定期对各点进行监测，通过监测数据分析基坑安全性，避免发生基坑坍塌风险；并根据监测对象做好支护桩测斜、基坑位移、支护桩沉降、锚索索力等项目监测，利用采集数据对基坑变形、位移、沉降等情况进行全面分析。当监测项目的变形量超过预警值时，立即停止开挖，撤离人员，并采取加固措施，防止事故发生。开挖至基坑底部后委托专业检测机构对基坑底部进行全范围地质雷达扫描，探测基坑底部 8m 深度范围内岩溶、裂隙发育情况，确保拱座基础下伏基岩满足设计及规范要求，如图 2-9、图 2-10 所示。

a)

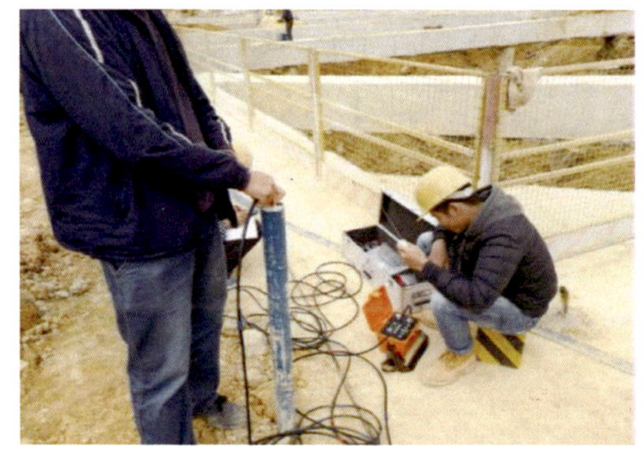

b)

图 2-9　深基坑施工监测技术的应用

基坑开挖完成后，通过高频电磁波法对拱座基坑底部进行物探检测，共推断出 25 处岩溶裂隙发育，规模均较小，主要在基岩表面沿一定方向发育，深度在 1～3m 范围内，随深度的加大裂隙逐渐湮灭；8m 范围内无溶洞和破碎裂隙带等不良地质体，对拱座的建设无影响。最后顺利通过参建各方验收，如图 2-11 所示。

图 2-10 基坑底全范围地质雷达扫描

a)

b)

图 2-11 拱座基坑顺利通过验收

第三章　大跨度钢箱拱肋分段拼装整体提升施工关键技术

第一节　临时支架系统的设计及施工

边拱段、中拱段支架设置时考虑通航条件及行洪需求、减少水中桩基施工，水中桩基均采用 ϕ1.5m 钻孔灌注桩，水面以上设置高桩承台，边拱段、中拱段支架采用花瓶式支架设计，由 ϕ1520×16mm 立柱钢管、ϕ1520×16mm 支撑钢管及 ϕ630×10mm、ϕ325×10mm 横联钢管组成。钢管顶设置拖架，保证安装时拱肋节段稳定。在最上层支架每根倾斜 ϕ1520×16mm 钢管内部由顶部向下焊接 6m×1.488m×2cm（长×宽×厚）加强钢板。ϕ1520×16mm 立柱钢管、ϕ1520×16mm 斜支撑钢管在场内加工成型，横联采用 ϕ630×10mm 钢管及 ϕ325×10mm钢管加工成桁架单元分层整体拼装。

一　边拱段紫荆花式少支架多点支撑体系设计与施工

边段拱肋跨径 95.28m，边拱段紫荆花式支撑体系主要由水中钢管群桩、高桩承台、钢管支架组成，分别在拱肋分段处设置拱肋支撑点；水中钢管群桩采用简易浮式平台冲击钻成桩，全钢护筒跟进，承台为钢筋混凝土结构。支架底节在承台浇筑时预埋，上部钢管支架在岸边构件加工场分层拼装成整体，分层整体拆除后，采用浮式起重机分层整体吊装至支墩处安装。边拱段支架模型如图 3-1 所示。

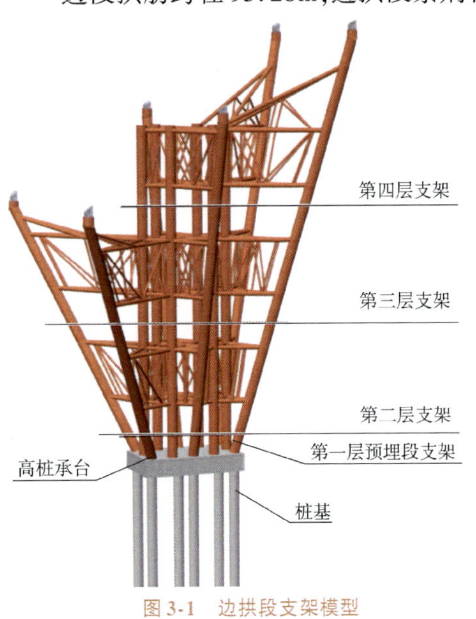

图 3-1　边拱段支架模型

边拱段支架：边拱段支架最大高度为 58.159m，单个边拱段支架总质量为 851.8t。考虑到边拱段支架为花瓶式空间异形结构，为减少水中作业、降低高空施工风险，边拱段支架第一层在高桩承台上安装，上部在岸边码头分为 3 层分别试拼后，利用浮式起重机分层整体安装。为减少高空对位难度，在 ϕ1520 和 ϕ630 钢管接口位置设置 2cm

厚连接钢板,连接钢板与钢管采用加劲板焊接。钢管连接形式如图 3-2 所示。

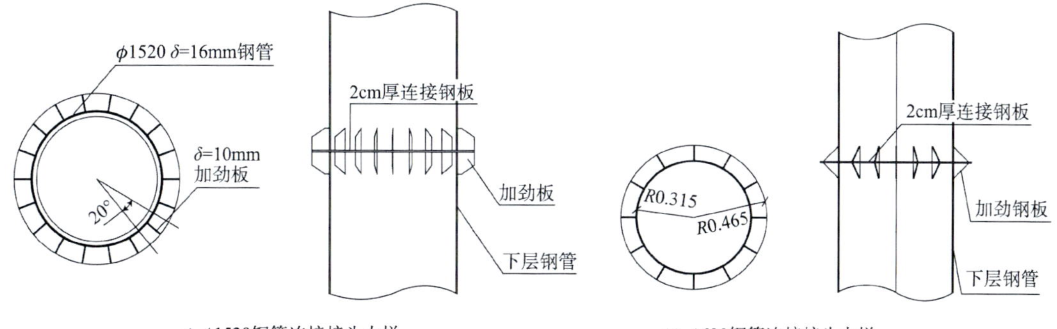

图 3-2　钢管连接设置图

边拱段支架除第一层外其余在胎架上制作,每层胎架高度为 1.5m,共两层,材料均为 I36a 工字钢,工字钢接点处为竖向 I36a 工字钢,胎架平面图如图 3-3 所示。

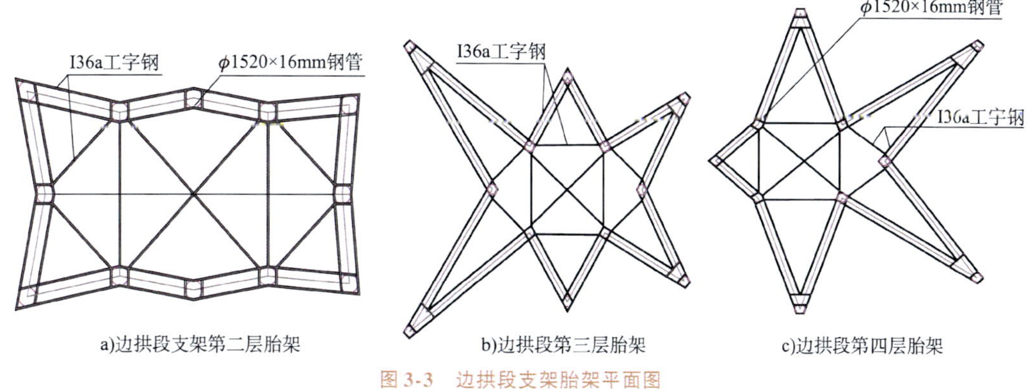

图 3-3　边拱段支架胎架平面图

二　中段拱肋异型定位支架系统设计与施工

在中段拱肋桥位处分别设置中段拱肋异型定位支架系统,其结构形式根据通航要求和行洪条件设计;在构件加工场整体拼装后,用浮式起重机整体吊装至支墩处安装,支架构造如图 3-4 所示。

图 3-4　中拱段定位支架系统构造图

中拱段支架在胎架上制作,胎架为横平竖直胎架,每层胎架高度为 1.5m,共两层,材料均为 I36a 工字钢,工字钢接点处为竖向 I36a 工字钢,胎架平面图如图 3-5 所示。

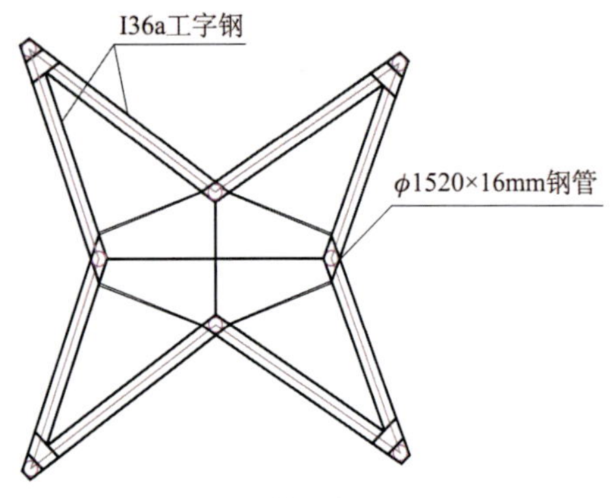

图 3-5　中拱段支架胎架平面图

边拱段支架拼装施工步骤如下:

(1)第一层底节预埋施工。

在支架底部设置 1.6m 高底节,底节钢管采用焊接固定在承台预埋钢板上,管内设置钢筋笼预埋至承台内,并灌注 1.0m 高混凝土。

(2)第二层支架吊装。

第二层边拱段支架在中间四根竖向钢管顶部内壁焊接 1.98m × 1.5m × 4cm(长 × 宽 × 厚)吊耳钢板,两侧用 20mm 的钢板加劲补强,与吊耳钢板垂直方向焊接两块 1.5m × 0.704m × 2cm(长 × 宽 × 厚)钢板,在管口形成十字形,吊耳、钢管、补强板之间采用满焊。

起吊前,支架下底部采用硬性支撑,即在 ϕ1520mm 钢管间焊接 I20a 作为临时支撑,将斜向钢管和竖向钢管连接起来,增加稳定性,减少吊装过程中支架的变形。第二层支架在岸上安装完成后,采用浮式起重机一次性吊装至水中承台安装。钢管整体对位后,通过与底节连接钢板焊接,设置加劲板加劲。

在岸边拼装第二层支架,第二层竖向方向高 16m。首先拼装竖直钢管,安装横联,再在斜向支撑下设置辅助定位支撑钢管,最后安装钢管支架横联。安装完成后,采用浮式起重机一次性吊装上水中承台安装。钢管整体对位后,通过与底节连接钢板焊接、设置加劲板加劲。

(3)第三层支架竖向高度为 16.0m,除考虑一组斜立管影响浮式起重机扒杆位置需另行安装外,剩余第三层支架施工方法同第二层支架。

第三层边拱段支架在中间四根竖向钢管顶部内壁焊接长 1.98m、宽 1.5m、厚 4cm 吊耳钢板,两侧用 2cm 的钢板加劲补强,与吊耳钢板垂直方向焊接两块长 1.5m、宽 0.704m、厚 2cm 的钢板,在管口形成十字形,吊耳、钢管、补强板之间采用满焊。第三层边拱段支架钢管底部往上 0.5m 处用 ϕ325mm 钢管将 ϕ1520mm 钢管连接起来,以减少吊装过程中边拱段第三层钢管顶底部的变形。为解决第三层支架整体吊装时对浮式起重机扒杆的影响,将靠近浮式起重机侧一组斜立管暂不吊装,后续进行二次吊装拼接。

三　柔性超高门式整体提升支架系统设计与施工

柔性超高门式整体提升支架分别在中拱段拱脚附近各设置 1 处,高度 87.5m、宽 5.9m,由五个部分组成。第一部分为深水钢管混凝土桩基承台。第二部分为超高提升门架支架系统,构件在工厂预制加工现场用塔式起重机安装。第三部分为立柱顶部提升钢箱梁,按照吊装能力分段设计,在工厂分段制作,现场组拼。第四部分为整体提升系统,包含提升胎座、液压千斤顶群和 LSD 液压控制系统,胎座根据拱肋底部形状设置。LSD 液压提升控制系统通过有线接入指挥中心,指挥中心通过计算机发送指令控制液压泵站,实现指令集中和统一。第五部分为支架缆风系统,缆风系统由风缆和地锚组成,连接支架顶部和东西地锚,对称交叉张拉。柔性超高门式整体提升支架系统构造如图 3-6 所示。

图 3-6 柔性超高门式整体提升支架系统构造图

提升系统钢管立柱设置在水中承台上，立柱底部与承台在钢管内设置钢筋立柱锚固，共设置 12 根 $\phi1520\times16$mm 钢管立柱。沿高度方向设置 4 道横联，柱顶设置钢横梁等。提升支架在上下游侧设置侧向缆风及背索。具体施工工艺如下：

1）拼装支架立柱

立柱采用 $\phi1520\times16$mm 钢管制成立柱单元，横联采用 $\phi630\times10$mm 钢管及 $\phi325\times10$mm 钢管加工成桁架单元，单元中的所有焊缝均采用满焊。所有单元均在码头临时钢构件加工场内加工，场内试拼合格后，船运至现场，由浮式起重机、塔式起重机吊装组拼，连接形式采用栓接。钢管桩顶部设计支撑架，支撑架位置根据钢箱拱肋空间形式设置，确保拱肋节段稳定及定位准确。钢管立柱接高除水面上接口采用焊接以外，其余钢管立柱之间全部采用螺栓连接。钢管立柱连接设计图如图 3-7 所示。

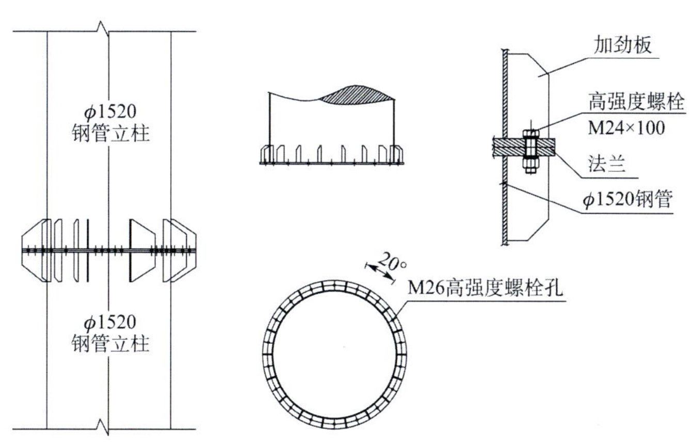

图 3-7 钢管立柱连接设计图

20m 高度以下钢管立柱采用船用起重机安装；20m 高度以上的，在塔式起重机吊装范围的构件采用塔式起重机安装，其余的采用浮式起重机安装。

2）横联及缆风背索

横联采用 ϕ630 × 10mm 钢管及 ϕ325 × 10mm 钢管加工成桁架单元，在每根竖管顶部的 ϕ1520 × 16mm 钢管内部设置十字形的 1cm 加强钢板。桁架之间连接采用设置连接件连接，与钢管立柱连接采用设置加强板与加劲板连接。横联在场内制作，所有接口均为满焊。加工完成后，与配套钢管立柱单元进行试拼，合格后运往成品区存放待装。横联设计如图 3-8 所示。

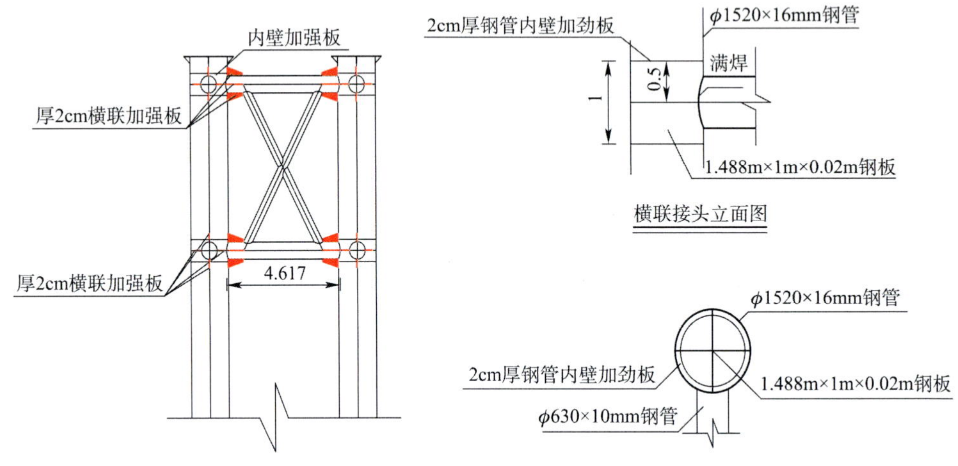

图 3-8　横联设计图（尺寸单位：m）

提升系统支架在胎架上制作，胎架为横平竖直胎架，每层胎架高度为 1.5m，共两层，材料均为 I36a 工字钢，工字钢接点处为竖向 I36a 工字钢。

3）支架顶部构造

各部位设计及施工如下：

（1）柱顶钢箱梁

钢箱梁截面形式为 2.0m（高）× 1.6m（宽）× 50.9m（长）。钢箱梁在场内分 5 段制作成，采用塔式起重机吊装上钢管立柱顶部与立柱焊接。钢箱梁四周设置钢管栏杆及防护网，外侧设置过道。

（2）钢支座

钢支座设置在柱顶钢箱梁及吊装钢箱梁之间，采用[32 槽钢和[40 槽钢制成，槽钢之间开设螺栓孔，设置 16 个 M24 高强度螺栓锚固紧密。钢支座与钢管立柱、钢横梁均采用焊接。钢支座设置如图 3-9 所示。

四　提升装置设计与施工

提升底座根据拱肋底面构造设计，位于 N6（N6′）节段下方，共 4 个。抱箍由底板、横板、纵板、隔板及锚固端箱梁组成，底板安装时确保提升装置底板高程一致，与拱肋接触处焊缝满焊。顺桥向水平约束索张拉孔单侧 9 个，单个提升装置竖向提升孔 4 个，4 个提升孔中心点必与支架顶提升梁的吊装孔中心点 Z 向（竖向）坐标一致。提升装置利用 BIM 模型建模，加工场下料拼装成形后采用浮式起重机吊装至设计位置安装。

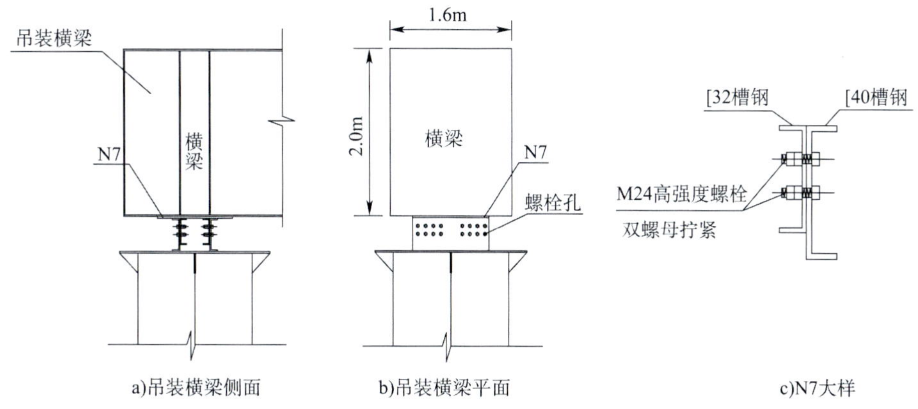

图 3-9 柱顶钢箱梁钢支座设置图

第二节 边拱段拱肋施工

边拱段拱肋主要由 JH0 ~ N4、JH0′ ~ N4′节段、肋间横梁、横撑组成。采用 600t 浮式起重机 +400t 浮式起重机逐节安装。拱肋精确对位过程中，在拱肋接口位置设置对拉匹配件，通过千斤顶顶升或张拉精确调整钢箱拱肋至设计位置，如图 3-10 所示。

a)

b)

图 3-10 边拱段拱肋逐节安装

第三节 中拱段拱肋施工

将主拱肋中间 N5 ~ N5′节段划分为中拱段，中拱段拱肋净跨径为 262m，由 26 个拱肋节段和 6 道横撑组成。中拱段在设计桥位处以下 67.27m 搭设低位拼装支架，提升支架设置在 N6(N6′)节段处。中拱段安装施工前，预先在提升支架高桩承台上安设中拱段提升装置，接触面采用四氟乙烯滑板，全桥共 4 个。中拱段采用 660t 浮式起重机分节段拼装成整体后，设置水平约束索和竖向提升索。提升装置就位与中拱段合龙安装如图 3-11 所示。

a) b) c) d)

图 3-11 提升装置就位与中拱段合龙安装

第四节 水平索穿束、提升系统安装

中拱段整体提升前，安装水平约束索和连续液压同步提升系统。水平约束索由单束 18 根 ϕ15.24mm 钢绞线组成，上下游各 9 束，全桥共 18 束，备用索 4 束，张拉端和锚固段在东西岸两侧中拱段提升装置上间隔布置。连续液压同步提升系统包含竖向提升钢绞线、连续液压同步提升千斤顶、LDS 液压同步提升系统；竖向提升索张拉端设置在提升支架顶钢箱梁上部，固定端设置在中拱段提升装置底部，单侧设置 8 束，全桥 16 束。拱肋、内撑及辅助吊装设备总质量 5885t。竖向提升索由单束 30 根 ϕ17.8mm 钢绞线组成，东西岸各 8 束，全桥共计 16 束。东西岸提升支架顶钢箱梁上各布设 8 台 500t 提升千斤顶、2 台 LDS105 泵站和 2 台阀体柜，两端共布设 16 台千斤顶，并在东岸设置 1 个主控室（计算机控制系统），如图 3-12、图 3-13 所示。

a)

b)

图 3-12 中拱段水平索、竖向索安装

a)

b)

图 3-13 中拱段整体提升主控室(计算机控制系统)

第五节 钢箱拱肋整体提升前体系转换关键技术

中拱段整体提升施工准备工作完成后,进行中拱段受力体系转换。通过水平约束索与竖向提升索横竖匹配、分级、同步、对称施加索力,使中拱段由低位拼装支架受力转换至提升支架系统受力。体系转换过程中每一步骤预应力施加完成后,均需持荷观测中拱段、提升支架、提升支架顶钢箱梁应力应变情况。体系转换施工步骤如下:

(1)对中拱段进行初张拉预紧,水平总索力 8000kN、竖向总索力 5400kN,解除提升装置约束。

(2)横竖匹配,分级、对称施加水平索力、竖向索力。水平索力分为 3 级施加,总索力 26920kN 竖向索力分为 5 级施加,总索力 58850kN。索力匹配施加细化步骤如下:

①同步张拉 16 束竖向提升索,单根索力施加至 1000kN,总索力 16000kN。

②同步张拉 18 束水平约束索,单根索力施加至 800kN,总索力 14400kN。

③同步张拉 16 束竖向提升索,单根索力施加至 1500kN,总索力 24000kN。

④同步张拉 18 束水平约束索,单根索力施加至 1200kN,总索力 21600kN。

⑤同步张拉 16 束竖向提升索,单根索力施加至 2000kN,总索力 32000kN。

⑥同步张拉 18 束水平约束索,单根索力施加至 1495.6kN,总索力 26920kN。

⑦同步张拉 16 束竖向提升索,单根索力施加至 3000kN,总索力 48000kN。

⑧同步张拉 16 束竖向提升索,单根索力施加至 3500kN,总索力 56000kN。

⑨拆除提升装置内侧 T 形限位板。

⑩拆除东西岸两侧中拱段支架顶托架,保证中拱段支架顶托架与中拱段拱肋脱离。

⑪拆除跨中支架顶托架,保证跨中支架顶托架与中拱段拱肋脱离。

⑫同步张拉 16 束竖向提升索,单根索力施加至 3678kN,总索力 58850kN。

体系转换过程中,以中拱段线形为主、总索力为辅,进行预应力张拉力控制,体系转换完成后将中拱段提升 5cm,检查支架和拱肋应力及无变形情况后,即完成拱肋体系转换。中拱段整体提升施工如图 3-14 所示。

图 3-14 中拱段整体提升施工

第六节 中拱段拱肋整体提升施工

一 提升过程中支架稳定性控制

1. 钢结构-钢管混凝土-风缆支架体系

拱肋提升过程中，支架的安全性至关重要。本工程采用了超高柔性支架，其稳定性问题尤为突出，因此采用了钢结构-钢管混凝土-风缆支架体系，并在拱肋提升过程中，在支架相应位置拼装了活动横向连接杆件，以保证支架结构的整体稳定性。钢结构-钢管混凝土-风缆支架布置如图 3-15 所示。

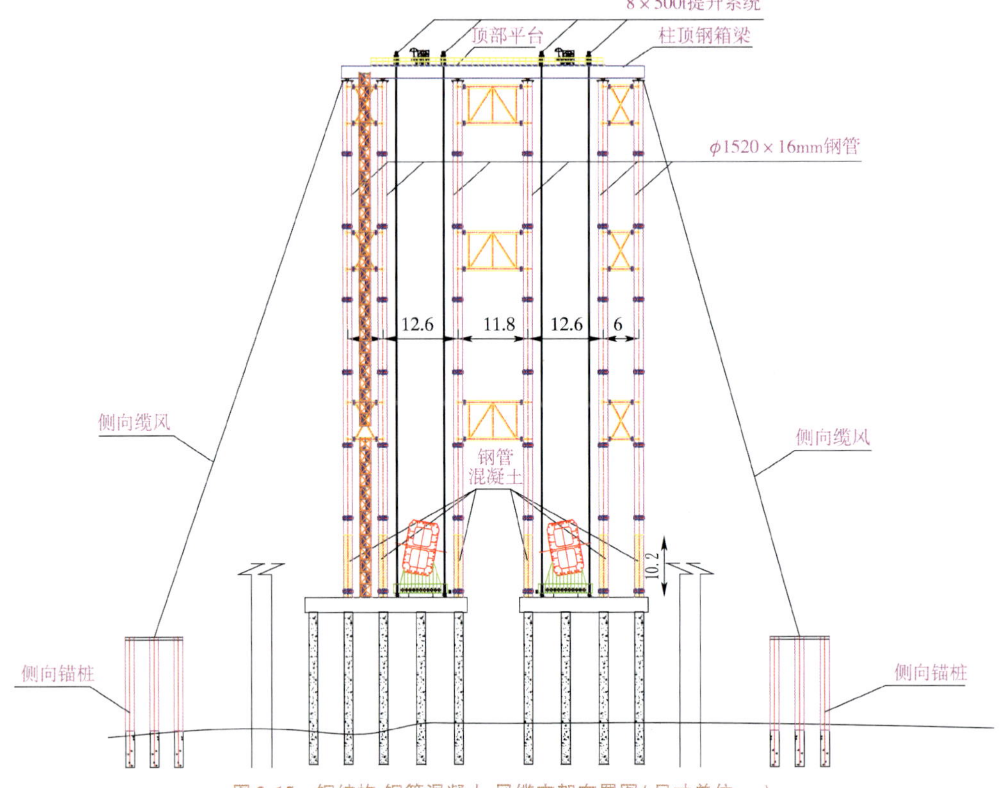

图 3-15 钢结构-钢管混凝土-风缆支架布置图(尺寸单位:m)

为保证结构的安全性，本工程运用有限元分析方法，从梁单元与精细化模型两个方面对结构进行了优化。

2. 杆系单元分析

中拱段整体提升过程中，通过调整纵向水平钢束内的有效拉力来控制中拱段拱肋拱脚处的变形，经计算可得单束水平约束索的拉力为1466.68kN。中拱段拱肋、抱箍等结构实际总质量5885t，考虑焊缝、吊绳等附加结构的质量以及吊装过程中的微冲击作用，实际计算分析时，要有一定的安全储备，按照提升的质量为6000t考虑。实际施工中，提升支架存在施工偏差，计算分析时，考虑20cm的顺桥向支架施工偏差，分析提升过程中提升支架的位移与整体稳定性。

1）计算工况

中拱段整体提升过程主要考虑自重、风荷载、温度荷载、纵向水平钢束的拉力等。其中，风荷载分为纵向风荷载、横向风荷载两种情况进行计算。荷载类型如表3-1所示。

荷 载 类 型 表3-1

序号	荷　载	类　型
1	自重	恒荷载
2	纵向水平钢束	用户定义的荷载
3	风荷载	结构风荷载
4	整体升温	温度荷载
5	整体降温	温度荷载

中拱段整体提升过程中，根据不同的荷载组合方式分为不同的计算工况，来分析提升系统的变形情况与稳定性，主要考虑施工阶段与承载能力极限状态阶段，荷载主要考虑自重荷载、钢束拉力与风荷载。

2）有限元模型

采用midas Civil三维有限元计算分析软件建立中拱肋、提升系统的有限元模型。X方向为顺桥向，Y方向为横桥向，Z方向以竖直向上为正。

根据拱肋整体提升过程中提升通道内活动钢管的闭合情况，把施工阶段分为低位提升、中位提升、高位提升3个过程。低位提升时提升通道内没有闭合钢管，中位提升时提升通道内闭合第一道活动钢管，高位提升时提升通道内闭合两道活动钢管。

施加边界条件时，桩基础底部完全固结，承台与桩基础、承台与立柱钢管采用主从节点刚性约束，柱顶钢箱梁与立柱钢管采用弹性的刚性连接，抱箍与拱肋采用主从节点刚性约束，抱箍与竖向吊索采用刚性连接。根据结构的对称性，拱肋跨中有纵、横向位移，因此要约束拱肋跨中的纵向、横向位移。提升通道内活动钢管用释放梁端约束的方法做成铰接形式。

3个提升过程的有限元模型及边界条件分别如图3-16a）、b）、c）所示。

3）位移结果

施工阶段不同提升过程位移计算图如图3-17～图3-19所示。

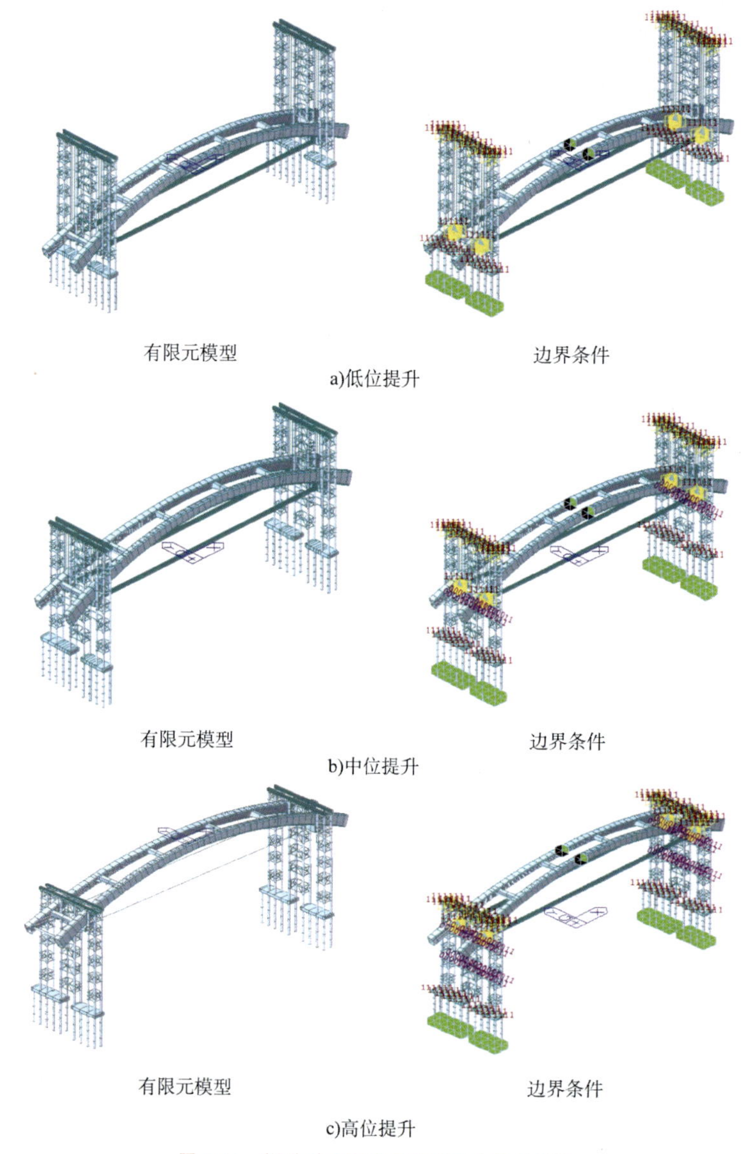

有限元模型　　边界条件

a)低位提升

有限元模型　　边界条件

b)中位提升

有限元模型　　边界条件

c)高位提升

图 3-16　提升过程有限元模型及边界条件图

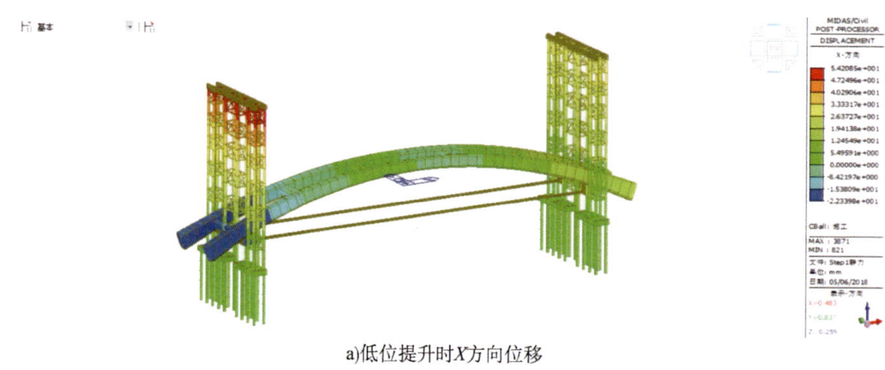

a)低位提升时X方向位移

图　3-17

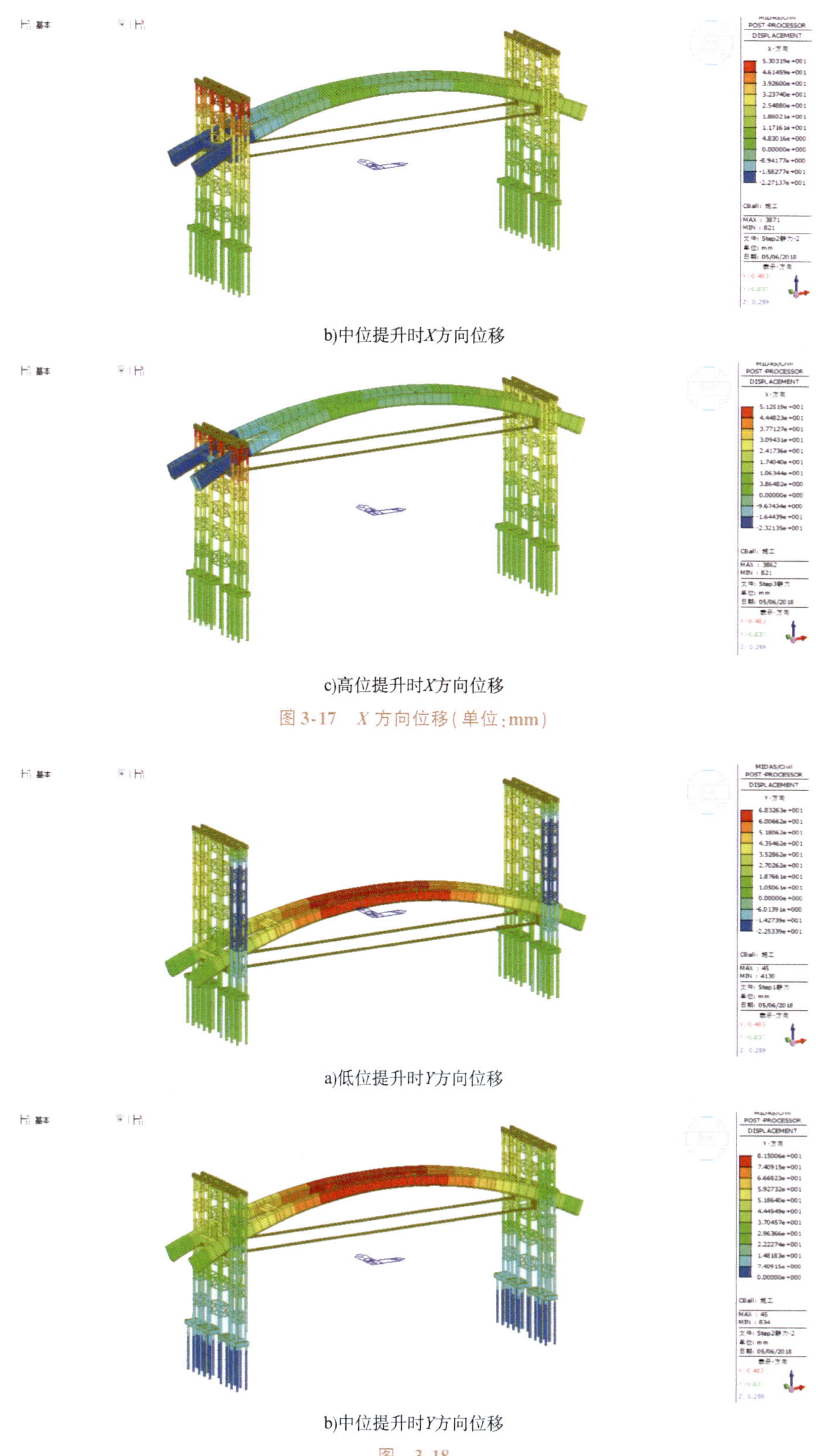

b)中位提升时X方向位移

c)高位提升时X方向位移

图 3-17 X 方向位移(单位:mm)

a)低位提升时Y方向位移

b)中位提升时Y方向位移

图 3-18

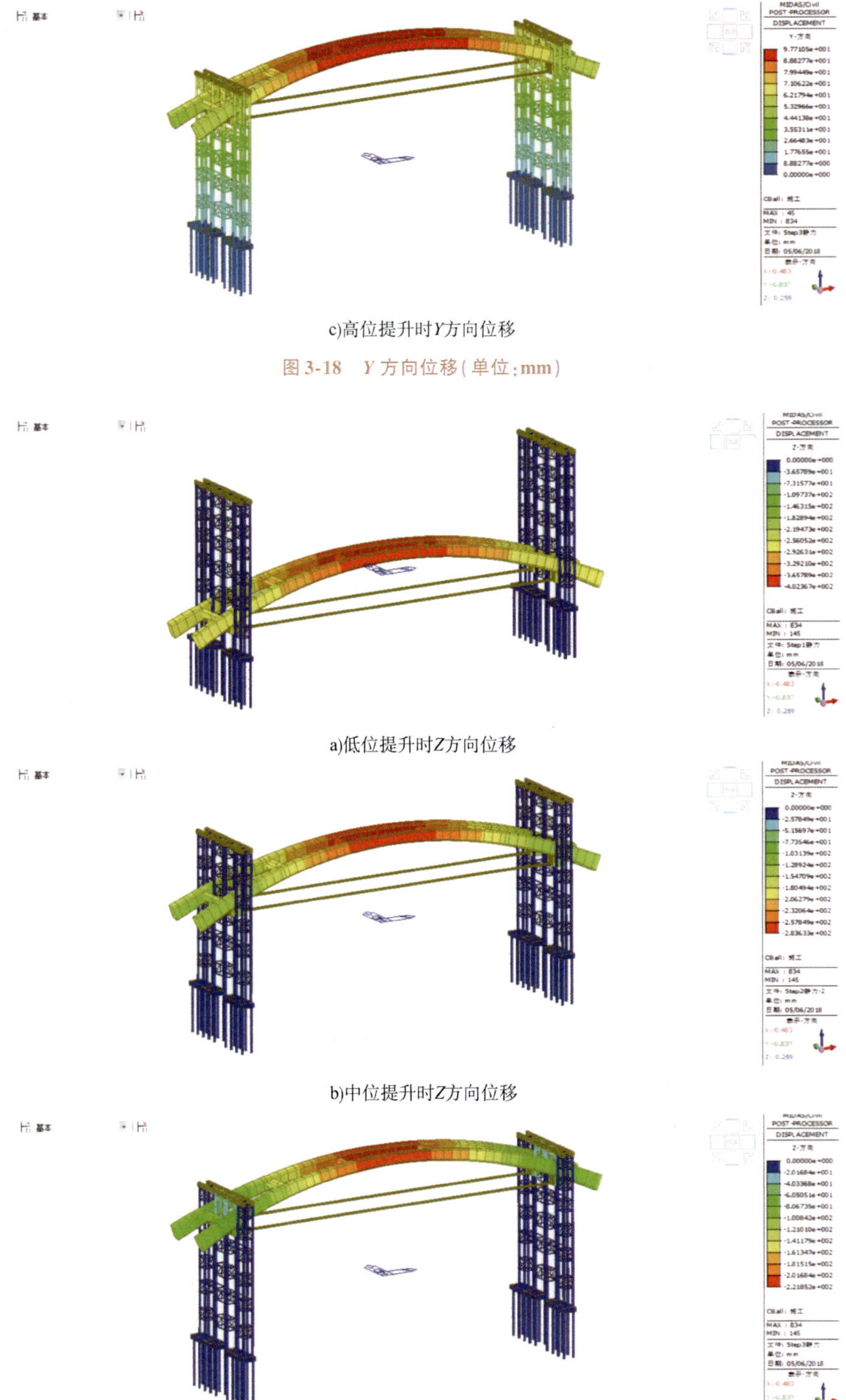

c)高位提升时Y方向位移

图 3-18　Y 方向位移(单位:mm)

a)低位提升时Z方向位移

b)中位提升时Z方向位移

c)高位提升时Z方向位移

图 3-19　Z 方向位移(单位:mm)

低位、中位、高位提升过程中各方向位移计算结果如表 3-2 ~ 表 3-4 所示。

低位提升时位移计算结果 表 3-2

方向	X	Y	Z
位移(mm)	54	68	-402
位置	柱顶钢箱梁	拱肋跨中	拱肋跨中

中位提升时位移计算结果 表 3-3

方向	X	Y	Z
位移(mm)	53	82	-284
位置	柱顶钢箱梁	拱肋跨中	拱肋跨中

高位提升时位移计算结果 表 3-4

方向	X	Y	Z
位移(mm)	51	98	-222
位置	柱顶钢箱梁	拱肋跨中	拱肋跨中

从表 3-2 中可以得到，在拱肋提升过程中，*X* 方向位移变化最小，且随着提升位置的增加而变化不大；*Y* 方向位移变化次之，且在低位提升较小，中位提升与高位提升位移变化较小；*Z* 方向位移变化最大，且在低位提升时位移越大，高位提升时位移较小，注意表中 *Z* 方向拱肋的最大位移为相对位移，包含竖向提升索的变形在内。提升过程各阶段拱肋跨中最大绝对位移为 143mm。

3. 精细化有限元分析

根据提出的支架结构，考虑了拱肋提升过程中的荷载、安装精度的情况，采用有限元非线性分析技术对优化后的结构进行了分析。其中，混凝土采用实体单元模拟，风缆采用索单元模拟，钢结构采用板壳单元模拟。其单元特性如下：

1）体单元（Solid65）

该单元为三维（3D）8 节点等参实体单元，又称为 3D 加筋混凝土实体单元，用于模拟无筋或加筋的 3D 实体结构，具有受拉开裂和受压破碎的性能，能够准确模拟钢筋混凝土材料等复合材料。该单元最重要的是对材料非线性的处理，可模拟混凝土开裂、压碎、塑性变形及徐变，还可模拟钢筋的拉伸、压缩、塑性变形及蠕变，但不能模拟钢筋的剪切，如图 3-20 所示。

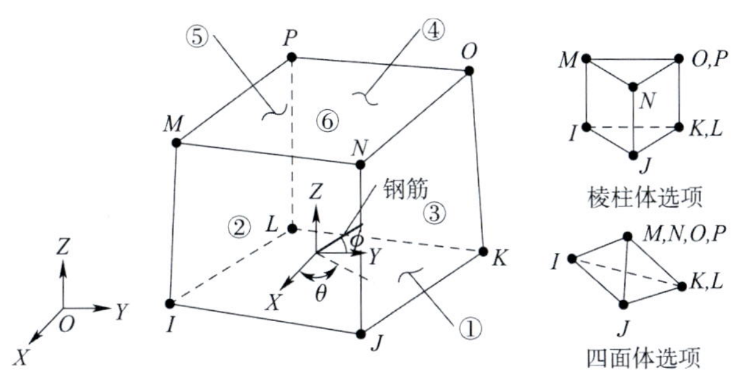

图 3-20 Solid65 单元

由于混凝土是由粗集料及水泥砂浆组成的复合材料，所以它的本构关系比匀质材料要复杂得多，其材料特性具有明显的非线性。在 ANSYS 内部提供了 40 多种材料模型，并且大多数模型都考虑了材料的非线性特性，本书采用多线性等向强化模型 MISO 来模拟混凝土的材料特性，采用 Willam-Warnke5 参数破坏准则，其表达式为：

$$\frac{F}{f_c}-S\geqslant 0 \tag{3-1}$$

式中：F——主应力状态（$\sigma_{xp}, \sigma_{yp}, \sigma_{zp}$）的函数；

S——破坏面，由主应力和 5 个参数（f_c、f_t、f_{cb}、f_1、f_2）确定；

f_c——单轴抗压强度。

若不满足式（3-1），则混凝土无开裂和压碎发生。满足该式时，当任一主应力为拉应力时则材料开裂；当所有主应力均为压应力时，则材料压碎。当不考虑混凝土压碎即 $f_c=-1$ 时，只要任一主应力超过 f_t 时混凝土就开裂。

2）板单元（Shell63）

基于 Kirchhoff 理论的板单元，忽略了板中的剪切变形的影响，而基于 Mindlin 理论的板单元，考虑了板中的剪切变形。处于四周的钢板材料在不同的位置受力状态不同，处于腹板位置的板单元受剪力作用明显，而顶底板的钢板膜效应相对要明显。所以应选用基于 Mindlin 理论的板单元。

如式（3-2）所示，板单元位移可以表示为：

$$\begin{Bmatrix} u \\ v \\ w \end{Bmatrix}=\sum_{i=1}^{4}N_i\begin{Bmatrix} u_i \\ v_i \\ w_i \end{Bmatrix}+\sum_{i=1}^{4}\frac{N_i\zeta t_i}{2}\begin{bmatrix} l_{1i} & l_{2i} \\ m_{1i} & m_{2i} \\ n_{1i} & n_{2i} \end{bmatrix}\begin{Bmatrix} \phi_i \\ \psi_i \end{Bmatrix} \tag{3-2}$$

式中：N_i——形函数；

t_i——结点 i 处的厚度。

单元的坐标变换为：

$$\begin{Bmatrix} x \\ y \\ z \end{Bmatrix}=\sum_{i=1}^{4}N_i\begin{Bmatrix} x_i \\ y_i \\ z_i \end{Bmatrix}_{中面}+\sum_{i=1}^{4}N_i\frac{t}{2}\begin{Bmatrix} \Delta x_i \\ \Delta y_i \\ \Delta z_i \end{Bmatrix} \tag{3-3}$$

$$\begin{Bmatrix} \Delta x_i \\ \Delta y_i \\ \Delta z_i \end{Bmatrix}=\begin{Bmatrix} x_i \\ y_i \\ z_i \end{Bmatrix}_{下表面}-\begin{Bmatrix} x_i \\ y_i \\ z_i \end{Bmatrix}_{上表面} \tag{3-4}$$

单元的应变矩阵与一般弹性力学形式相同，不做特殊说明，经过变分处理得到单元的刚度矩阵。在板壳单元分析时，当板的厚度很小时，会发生剪切自锁现象。为了避免剪切自锁现象的发生，必须保证有限元求解方程的刚度矩阵与罚函数相关部分的奇异性。通常为了保证奇异性，不能对单元刚度矩阵进行精确积分，有效办法是采用减缩积分的方法。但是减缩积分会增加除刚体运动以外且对变形能没有贡献的变形模式，即零能模式。为了排除不合理的零能模式，必须保证整体刚度矩阵的非奇异性。目前大型有限元中均引入“沙漏”的概念，即在减缩积分的单元中引入一个小量的“沙漏刚度”，以限制沙漏模式的扩展。板单元如图 3-21 所示。

3)杆单元(Link10)

Link10 单元独一无二的双线性刚度矩阵特性,使其成为一个轴向仅受拉或仅受压杆单元。使用只受拉选项时,如果单元受压,刚度就消失,以此来模拟缆索的松弛或链条的松弛。这一特性对于将整个钢缆用一个单元来模拟的钢缆静力问题非常有效。当需要松弛单元的性能,而不是关心松弛单元的运动时,它也可用于动力分析(带有惯性或阻尼效应)。

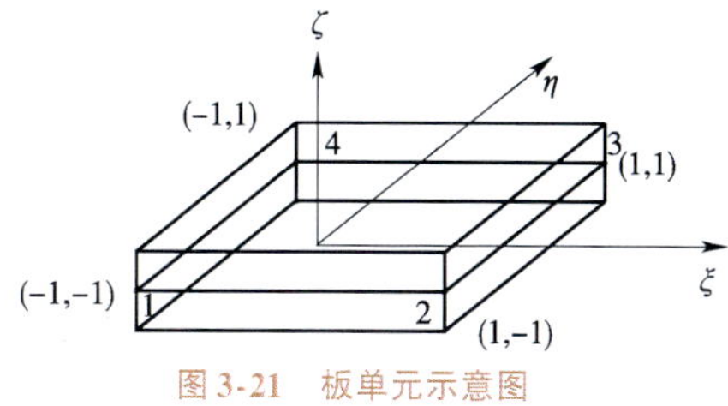

图 3-21 板单元示意图

如果分析的目的是研究单元的运动(没有松弛单元),那么应使用类似于 Link10 的不能松弛的单元,如 Link8 或 Pipe59。对于最终收敛结果为绷紧状态的结构,如果迭代过程中可能出现松弛状态,那么这种静力收敛问题也不能使用 Link10 单元。这时应采用其他单元或者采用"缓慢动力"技术。

Link10 单元在每个节点上有 3 个自由度,即沿节点坐标系 X、Y、Z 方向的平动。不管是仅受拉(缆)选项,还是仅受压(裂口)选项,该单元均不包括弯曲刚度。该单元具有应力刚化、大变形功能。

该单元的节点位置以及坐标系见图 3-22。单元通过两个节点、横截面、初始应变或间隙以及各向同性材料特性来定义。单元的 X 轴是沿着节点 I 到节点 J 的单元长度方向。

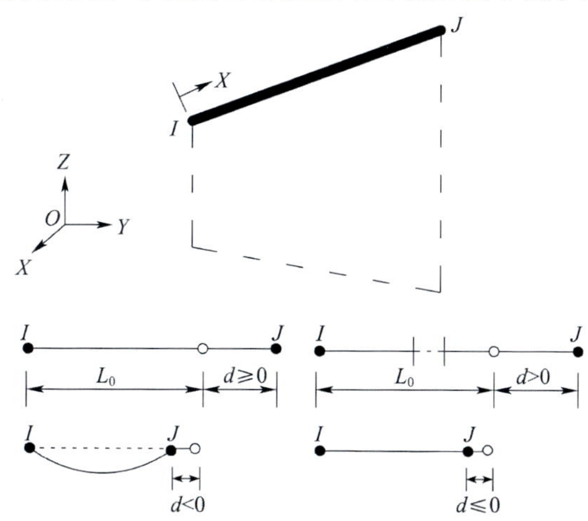

图 3-22 单元节点位置及坐标系示意图

单元的初始应变(ISTRN)由 Δ/L 给出,这里 Δ 是单元长度 L(由节点 I 和 J 的位置来定义的)和零应变长度 L_0 之间的差值。对于缆选项,负的应变值表示其处于松弛状态。对于裂口选项,正的应变值表示其处于裂开状态。裂口的值必须作为每单位长度的值输入。

4. 拱肋提升低位阶段

1)有限元模型

用 ANSYS 建立提升支架模型。桩基础内填混凝土,支撑钢管内填混凝土,采用实体单元模拟。支撑钢管、横联、活动横向连接杆、支撑钢箱、顶部箱梁等采用板单元模拟。有限元

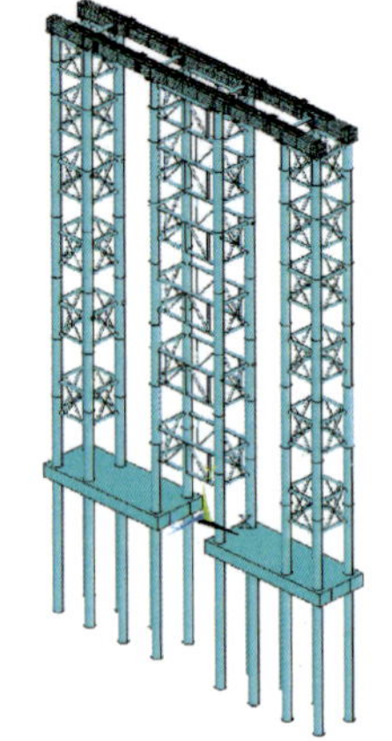

图 3-23 低位阶段提升支架几何模型

模型桩基础底部施加固定约束。有限元模型单位：力单位为 N，长度单位为 m，应力单位为 Pa。其中，X 方向为横桥向，Y 方向为竖向，Z 方向为顺桥向，低位阶段提升支架几何模型如图 3-23 所示。

2）计算结果

相应荷载作用下，在提升支架顺桥向最大位移位于中间支撑钢管处，为 0.005m（约为高度的 1/17000）；横桥向最大位移位于边支撑钢管处，为 0.021m（约为高度的 1/4048）；竖向最大位移位于钢箱梁处，为 0.049m，扣除立柱的整体向下位移后钢箱梁竖向位移为 0.010m，其竖向挠跨比为 1/1280。提升支架顺桥向位移计算结果如图 3-24 所示。

支撑钢管、横联、钢管支撑顶面、钢箱梁的应力计算结果如图 3-25 ~ 图 3-28 所示。

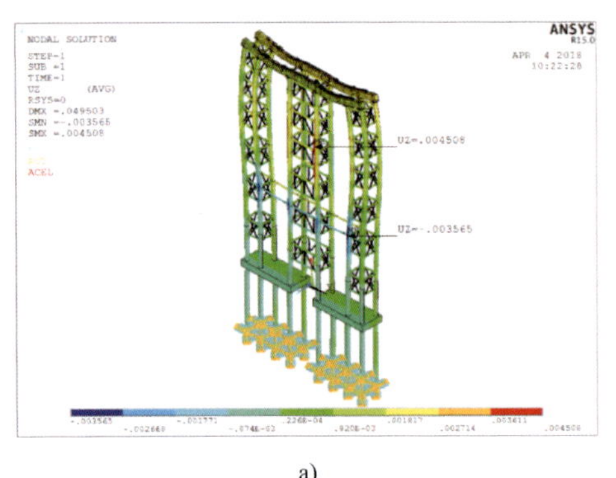

a)

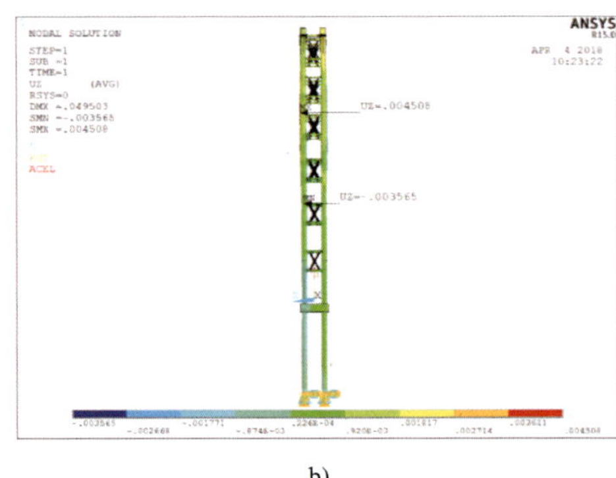

b)

图 3-24 提升支架顺桥向位移计算结果（单位：m）

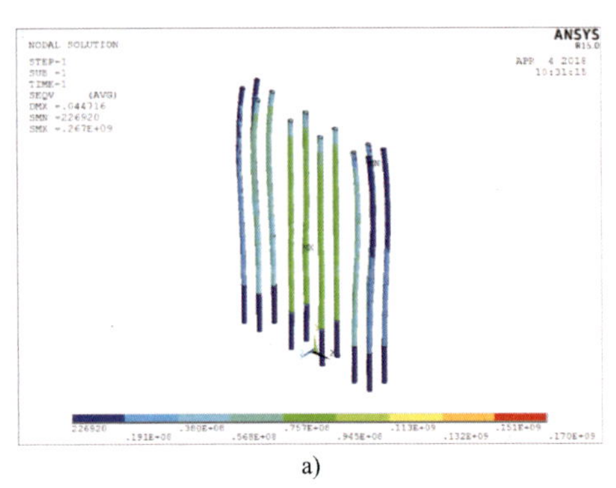

a)

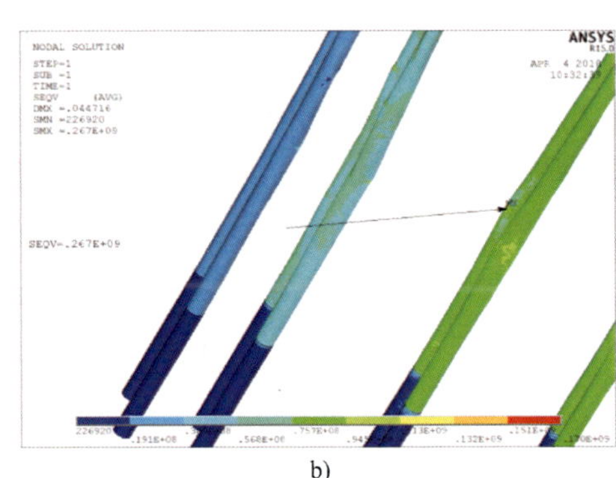

b)

图 3-25 支撑钢管应力计算结果（单位：Pa）

根据《公路钢结构桥梁设计规范》（JTG D64—2015），支撑钢管、各类横联采用 Q235 钢材，设计强度为 190MPa；钢管顶支撑钢箱、钢箱梁各部分采用 Q345 钢材，设计强度为 270MPa；由于杆件交界处在空间计算模型中易产生应力奇异结果（范围极小），表 3-5 中所列应力代表值为扣除应力奇异点后的主要区域应力表征值。

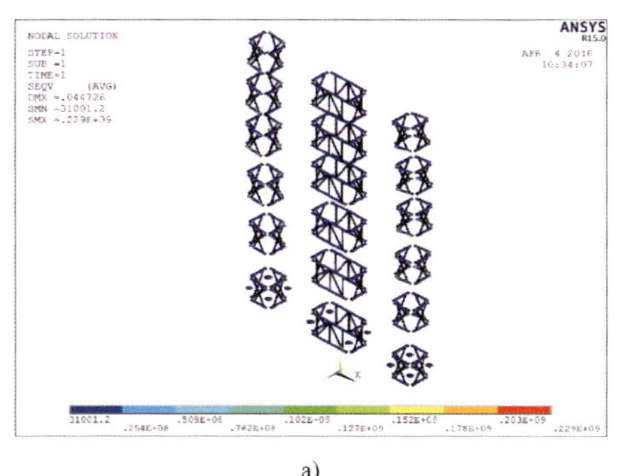

a)

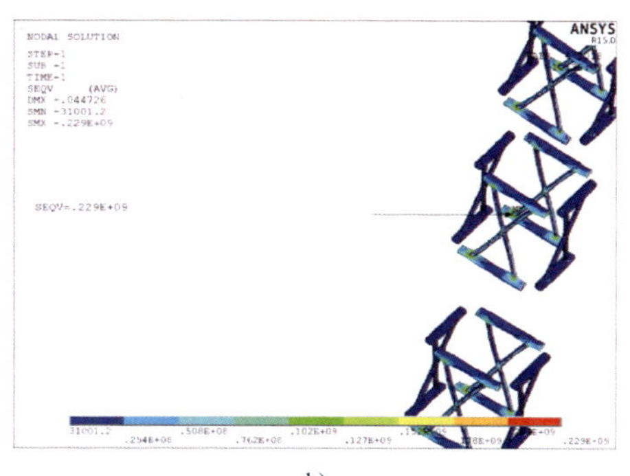

b)

图 3-26 横联应力计算结果(单位:Pa)

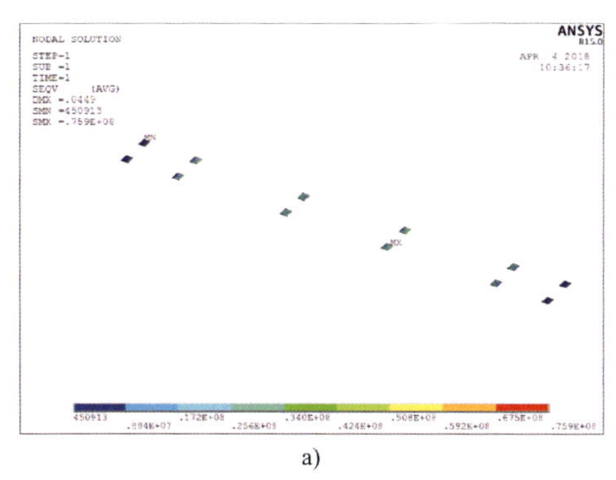

a)

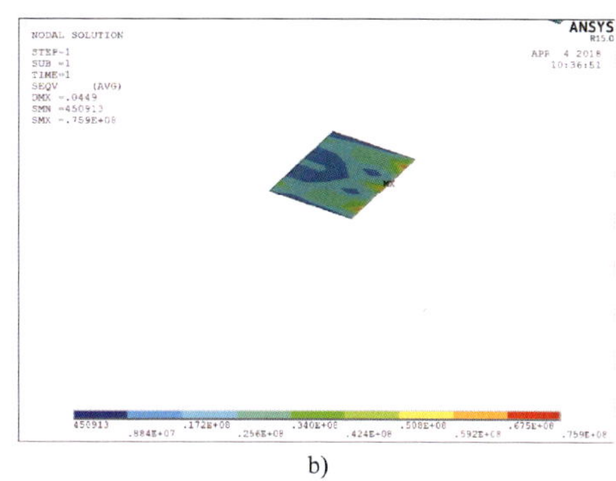

b)

图 3-27 钢管支撑顶面应力计算结果(单位:Pa)

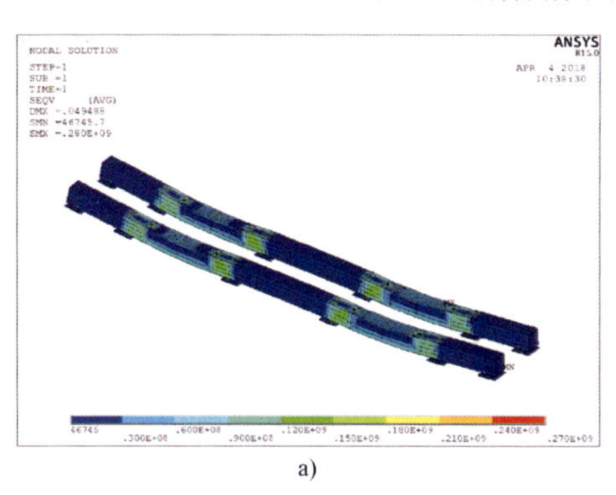

a)

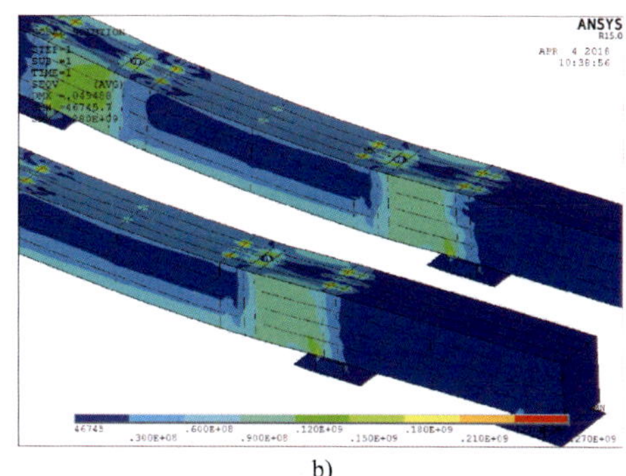

b)

图 3-28 钢箱梁应力计算结果(单位:Pa)

提升支架各部分应力验算结果 表 3-5

构 件 位 置	Mises 应力值(MPa)	设计强度(MPa)	安 全 系 数
支撑钢管	170	190	1.12
横联	185	190	1.00
钢管支撑顶面	75.9	270	3.56
钢箱梁	266	270	1.00
钢箱梁横隔板	198	270	1.36
钢箱梁纵向加劲肋	118	270	2.29
吊装部位	217	270	1.24

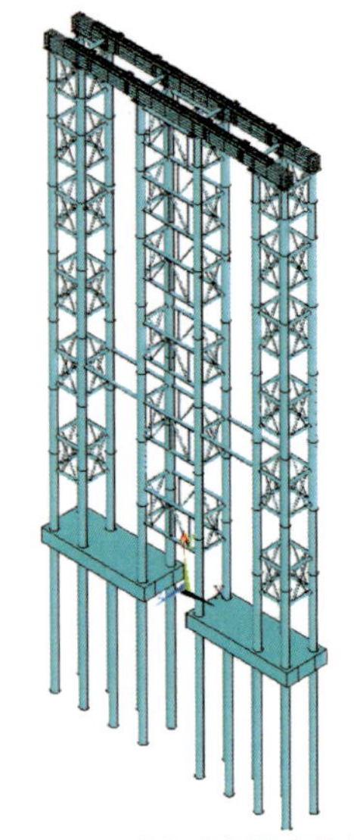

图 3-29　中位阶段提升支架几何模型

5. 拱肋提升中位阶段

1）有限元模型

用 ANSYS 建立提升支架模型。桩基础内填混凝土，支撑钢管内填混凝土，采用 Solid 65 实体单元模拟。支撑钢管、横联、活动横向连接杆、支撑钢箱、顶部箱梁等采用 Shell 63 板单元模拟。有限元模型桩基础底部施加固定约束，中位阶段提升支架几何模型如图 3-29 所示。

2）计算结果

相应荷载作用下，提升支架的顺桥向位移、横桥向位移、竖向位移计算结果分别如图 3-30 ~ 图 3-32 所示。提升支架顺桥向最大位移位于中间支撑钢管处，为 0.005m（约为高度的 1/17000）；横桥向最大位移位于边支撑钢管处，为 0.021m；竖向最大位移位于钢箱梁处，为 0.049m，扣除立柱的整体向下位移后钢箱梁竖向位移为 0.010m，其竖向挠跨比为 1/1280。

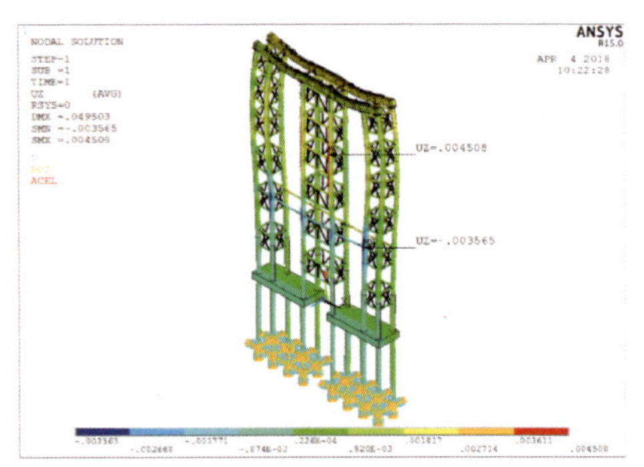

a)

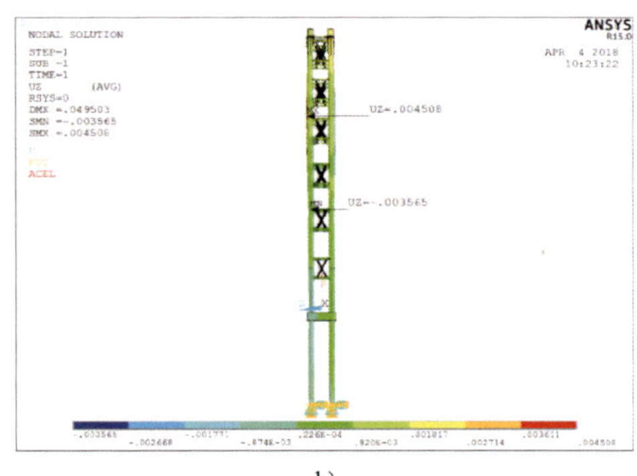

b)

图 3-30　提升支架顺桥向位移计算结果（单位：m）

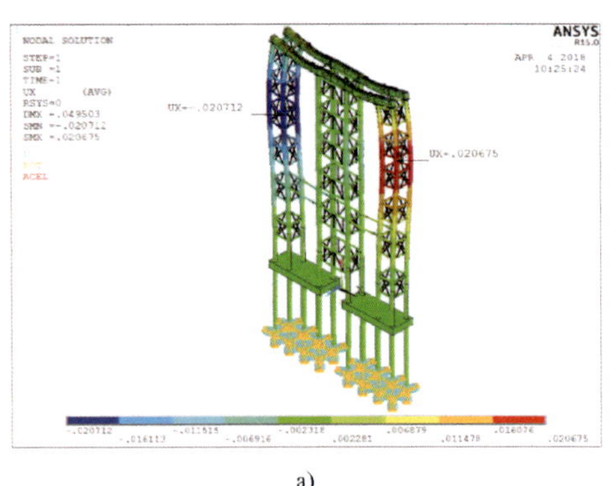

a)

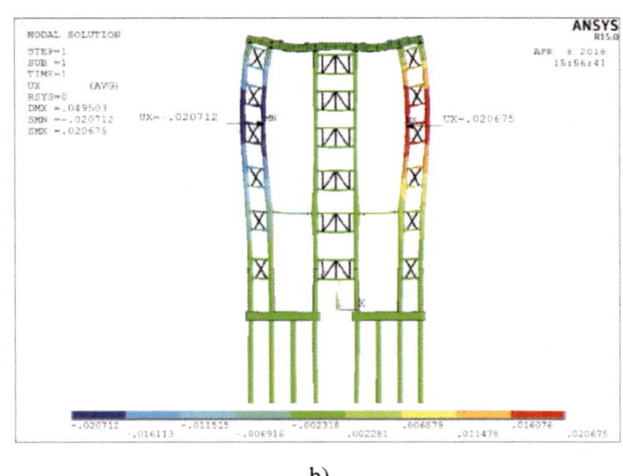

b)

图 3-31　提升支架横桥向位移计算结果（单位：m）

根据《公路钢结构桥梁设计规范》（JTG D64—2015），支撑钢管、各类横联采用 Q235 钢材，设计强度为 190MPa；钢管顶支撑钢箱、钢箱梁各部分采用 Q345 钢材，设计强度为

270MPa。提升支架各部分应力验算结果如表3-4所示。由于杆件交界处在空间计算模型中易产生应力奇异结果(范围极小),表3-6中所列应力代表值为扣除应力奇异点后的主要区域应力表征值。

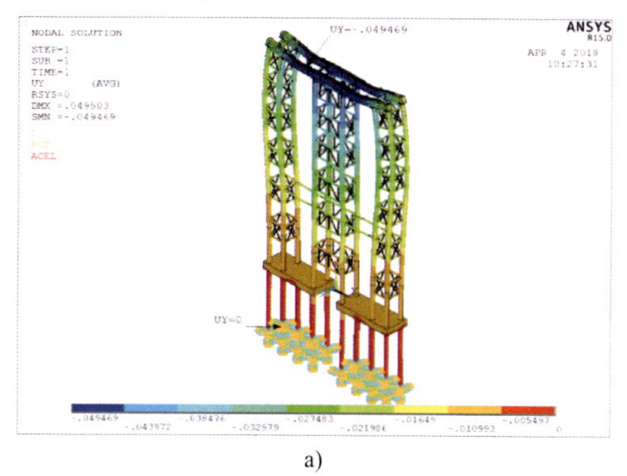

a)

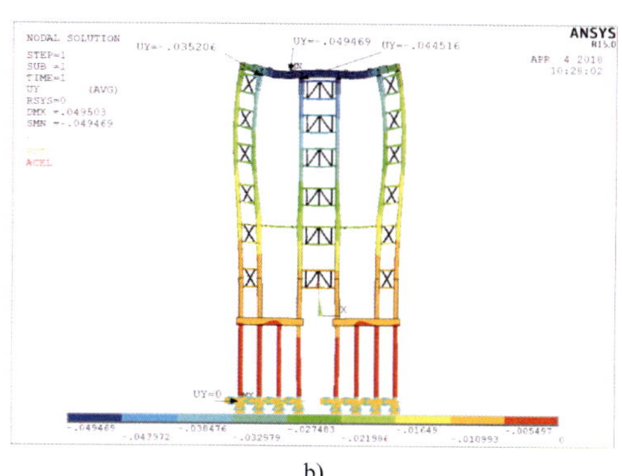

b)

图3-32 提升支架竖向位移计算结果(单位:m)

提升支架各部分应力验算结果 表3-6

构件位置	应力值(MPa)	设计强度(MPa)	安全系数
支撑钢管	170	190	1.12
横联	185	190	1.00
钢管支撑顶面	75.9	270	3.56
钢箱梁	266	270	1.00
钢箱梁横隔板	198	270	1.36
钢箱梁纵向加劲肋	118	270	2.29
吊装部位	217	270	1.24

6. 拱肋提升高位阶段

1)有限元模型

用ANSYS建立提升支架模型。桩基础内填混凝土,支撑钢管内填混凝土,采用实体单元模拟。支撑钢管、横联、活动横向连接杆、支撑钢箱、顶部箱梁等采用板单元模拟。有限元模型桩基础底部施加固定约束,高位阶段提升支架几何模型如图3-33所示。

2)计算结果

相应荷载作用下,提升支架的顺桥向位移、横桥向位移、竖向位移计算结果分别如图3-34~图3-36所示。提升支架顺桥向最大位移位于中间支撑钢管处,为0.005m(约为高度的1/17000);横桥向最大位移位于边支撑钢管处,为0.009m(约为高度的1/9444);竖向最大位移位于钢箱梁处,为0.049m,扣除掉立柱的整体向下位移后钢箱梁竖向位移为0.010m,其竖向挠跨比为1/1280。

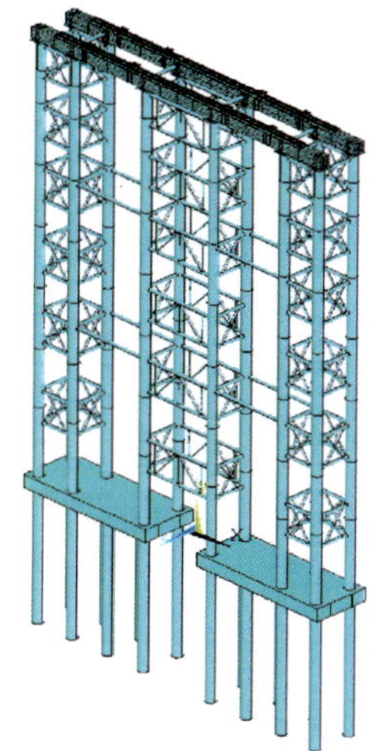

图3-33 高位阶段提升支架几何模型

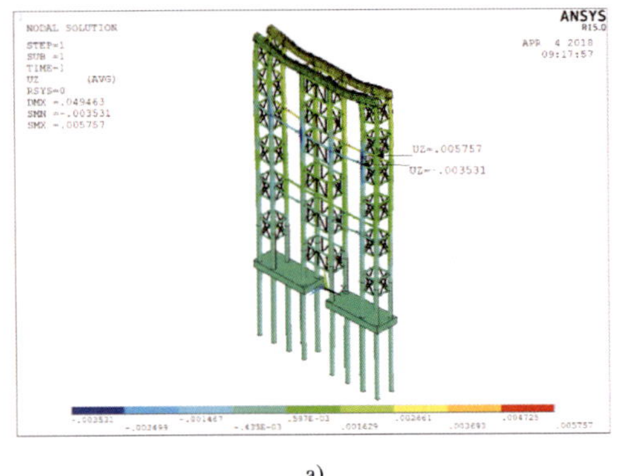

a)

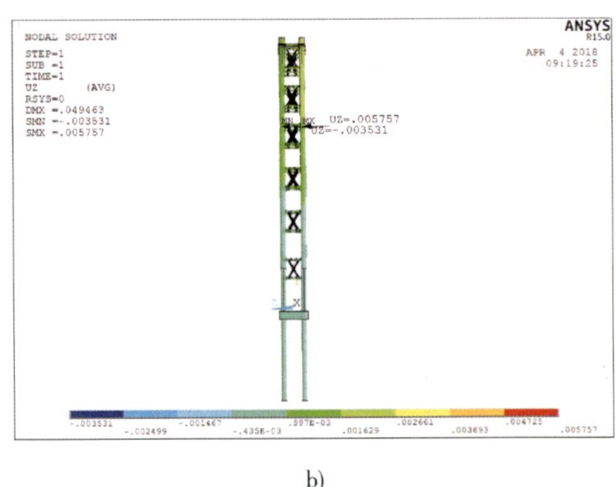

b)

图 3-34　提升支架顺桥向位移计算结果(单位:m)

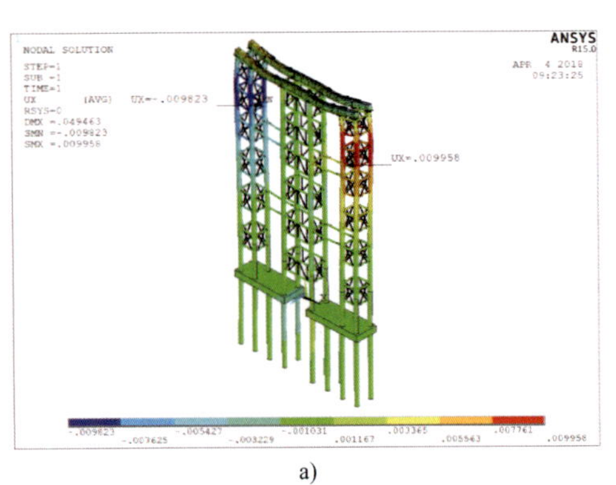

a)

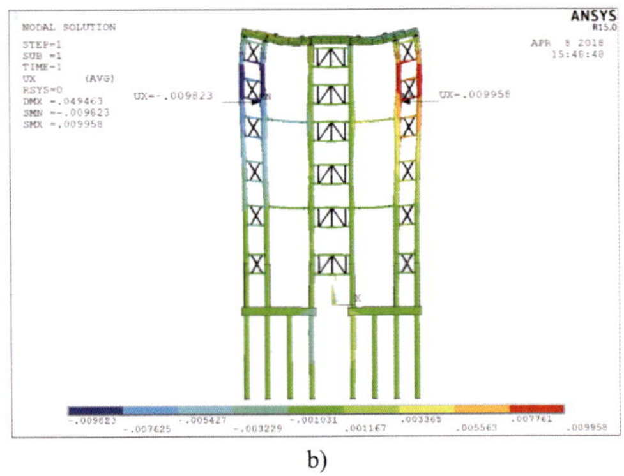

b)

图 3-35　提升支架横桥向位移计算结果(单位:m)

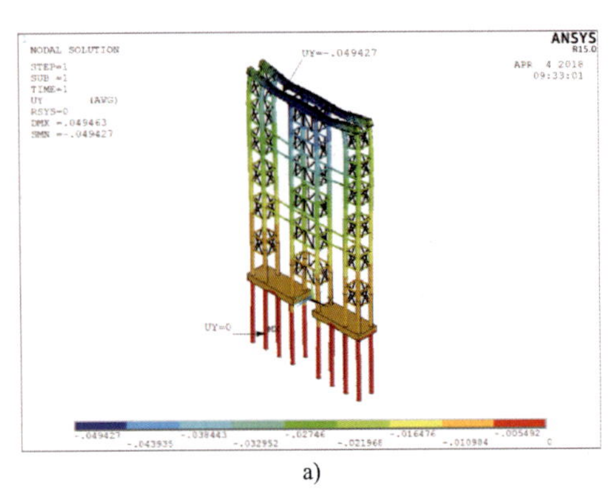

a)

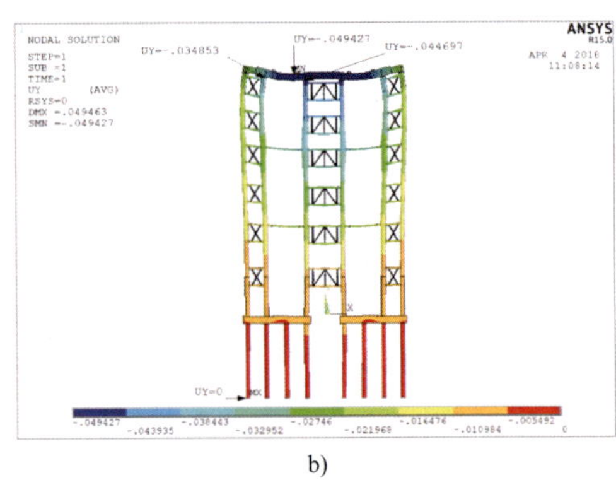

b)

图 3-36　提升支架竖向位移计算结果(单位:m)

根据《公路钢结构桥梁设计规范》(JTG D64—2015),支撑钢管、各类横联采用 Q235 钢材,设计强度为 190MPa;钢管顶支撑钢箱、钢箱梁各部分采用 Q345 钢材,设计强度为 270MPa。由于杆件交界处在空间计算模型中易产生应力奇异结果(范围极小),提升支架各部分应力验算结果见表 3-7。

提升支架各部分应力验算结果　　表 3-7

构件位置	应力值(MPa)	设计强度(MPa)	安全系数
支撑钢管	170	190	1.12
横联	185	190	1.00
钢管支撑顶面	75.9	270	3.56
钢箱梁	266	270	1.00
钢箱梁横隔板	198	270	1.36
钢箱梁纵向加劲肋	118	270	2.29
吊装部位	217	270	1.24

7. 分析小结

通过有限元软件 midas Civil 和 ANSYS,研究了中拱肋整体提升过程中提升支架的应力、变形和稳定性能,研究了各种荷载组合下提升支架的最不利状态。分析结果表明,中拱段拱肋整体提升过程中,提升支架的强度、刚度和稳定性均满足要求。

二 拱肋提升实施

采用提升支架 + LSD 连续同步液压提升技术将中拱段拱肋进行整体提升,提升高度 67.270m,提升跨径 262m,提升总质量 5885t。

采用线形微调系统对中拱段进行平面位置微调整。提升过程中连续同步液压提升千斤顶以 360mm 高度为一个循环进行作业。每台千斤顶配备有行程限位和位移检测,监测数据传输到主控台显示器上,实时对中拱段状态进行线形调整。提升过程中采用自主研发的“拱肋整体提升监测指挥系统技术”,实时监测中拱段和提升支架提升过程状态。中拱段整体提升施工如图 3-37 所示。

图 3-37　中拱段整体提升施工

1. 监控元器件布设

为保证提升过程安全可控,在提升支架、中拱段支架、跨中支架、高桩承台、柱顶顶钢箱梁和拱肋上安装应力感应元件、变形监控点、水平倾角探头、风速风向传感器,通过监控点数据实时传输和人工辅助测量,实现对中拱段整体提升全过程监控。应力采集与人工辅助测量如图 3-38 所示。

a)

b)

图 3-38 应力采集与人工辅助测量

2. 智能监测指挥系统物联网技术

为了及时掌握中拱段整体提升过程中各构件受力状态，降低施工风险，在中拱段整体提升施工前自主开发了官塘大桥主拱提升智能监测指挥系统。智能监测指挥系统采用的技术包括 BIM 建模技术、软件开发技术、三维仿真技术、智能传感技术、数字视频技术、网络传输技术、液晶显示技术。其主要特点如下所述：

(1)将与主拱提升施工相关的重要参数数据、现场视频等信息实时反馈在屏幕上，以便于现场指挥人员；实时预警预判，及时采取处置措施。

(2)仿真模拟、空间转换、三维模拟与现场实时视频相对照，有效规避了传统现场监控指挥时受场地影响、只能顾及局部等不利因素。

(3)实现全过程数据备份、施工场景回放，为后续施工分析或科研工作提供翔实数据，为今后类似的重大工程施工提供重要参考。官塘大桥主拱提升智能监测指挥系统操作界面如图 3-39 所示。

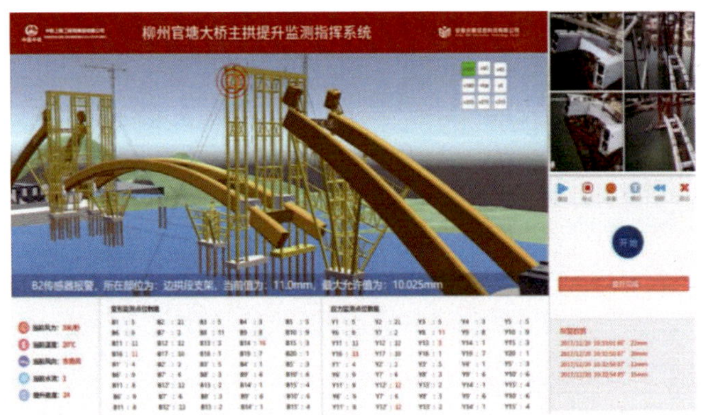

图 3-39 官塘大桥主拱提升智能监测指挥系统操作界面

3. LSD 液压同步提升控制系统

LSD 计算机控制系统是 LSD 液压同步提升控制系统的核心，由主控计算机、现场控制器、传感器、通信单元及相应的数据线组成。其中，连续同步提升系统采用 LSD 液压连续同步提升原理，具有逻辑控制、位置同步控制和压力均衡控制功能，能够实现构件的平稳提升、下降及远程控制。

(1)逻辑控制是指对提升千斤顶集群动作控制和作业流程控制。由于在每台提升千斤顶上安装一套传感装置,这些传感器将主油缸的位移情况、上下锚具的松紧情况传送到控制器,同时通过现场实时网络传送给主控计算机,主控计算机根据一定的控制逻辑顺序控制电磁换向阀,从而控制主油缸和上下夹持器动作。

(2)位置同步控制:主控计算机除了控制所有提升油缸的统一动作之外,还必须保证各提升吊点的位置同步。在提升体系中,设定一个主令吊点,其他都是跟随吊点。主令吊点决定整个提升系统的提升速度,操作人员可以根据泵站的流量分配情况和其他因素来设定提升速度。主令提升速度的设定通过比例阀液压系统中的比例阀来实现。在调整过程中,可控制千斤顶精确度达到0.1mm,以利于钢梁对位。

(3)锚具状态检测传感器:在每台提升千斤顶的上下锚具油缸上各安装4个接近开关,紧锚、松锚都可以通过传感器来检测。

(4)控制系统的可靠性:控制系统所有的I/O模块均采用光电隔离技术,使计算机与被控对象无直接的电气联系。系统采用液压和电控的联锁设计,通过硬件和软件闭锁,有效避免了误操作带来的不良后果。控制系统具有异常停机、断电保护停机、位置超差停机等功能,同步提升系统原理与控制系统计算机(PC)端如图3-40所示。

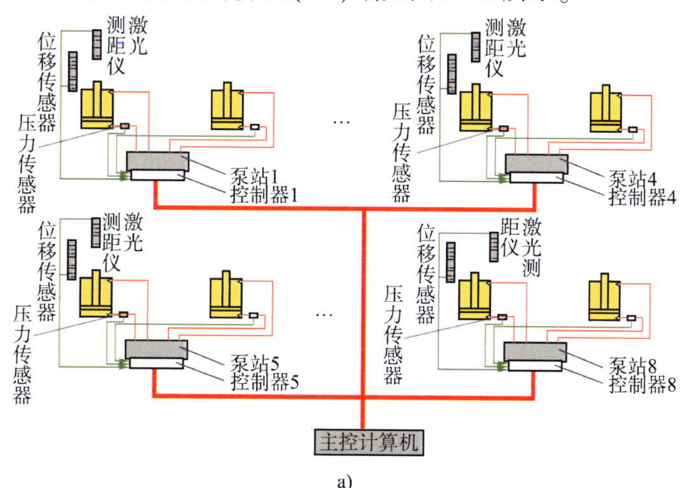

a)

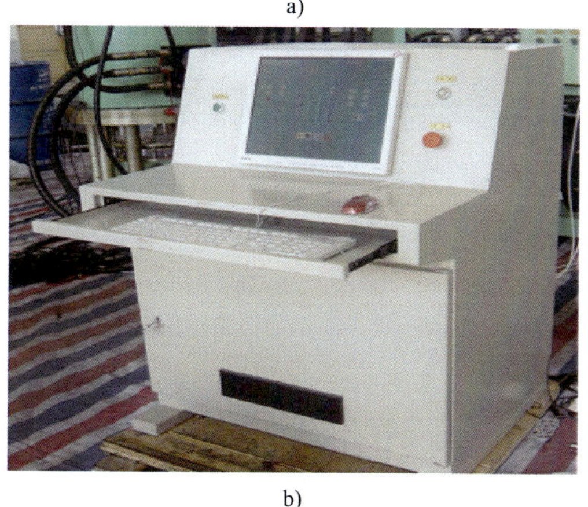

b)

图3-40 同步提升系统原理与控制系统计算机(PC)端

第七节 拱肋合龙段施工

合龙段分别在顶板处共设置2个吊耳,前吊耳底部左右两侧设置2块1.28m×0.15m×16mm钢板,将吊耳处拱肋底板与肋间隔板焊接。每组吊耳各配置一条2.0m吊带,将前端的吊耳挂在浮式起重机大吊钩上,后端的吊耳挂在浮式起重机小吊钩上。浮式起重机将合龙段吊装至合龙口对位完成后,采用限位马板[1]配合千斤顶和手拉葫芦,将合龙段精调至设计位置。合龙段吊耳设置如图3-41所示。

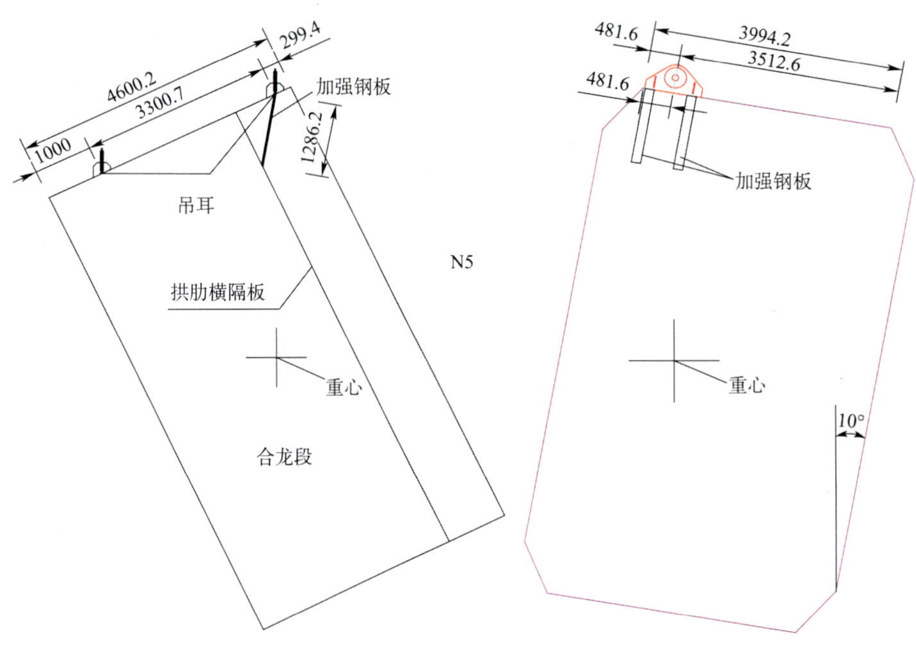

图3-41 合龙段吊耳侧面位置图(尺寸单位:mm)

合龙段长4.7m(含0.1m配切长度,防止拱肋受温度和拼装误差影响,造成合龙长度不足),待中拱段提升至设计桥位处,经坐标测量复核后立即进行配切作业。

采用660t浮式起重机和400t浮式起重机同时吊装单个主拱肋合龙节段,先合龙下游右幅拱肋,再合龙上游左幅拱肋。660t浮式起重机吊装合龙段时自合龙口顶下放至合龙位置实现合龙,400t浮式起重机吊装合龙段时自合龙口底以上3m平推进入合龙设计位置实现合龙。

合龙段安装前,需要对中拱段进行平面位置微调整及临时锚固。在N5内侧腹板顶部倒角处焊接锚固端钢板,张拉端交叉设置在对应的横撑1顶板处。在横撑1顶板上焊接张拉端操作平台,安置100t手持式液压张拉千斤顶,全桥共4组,配合中拱段缆风系统,统一调整中拱段的平面位置。每组由3根ϕ15.2mm钢绞线组成,如图3-42所示。

[1] 限位马板是指采用多块A4纸大小的2cm厚钢板将两相邻拱肋侧壁进行临时焊接限位。

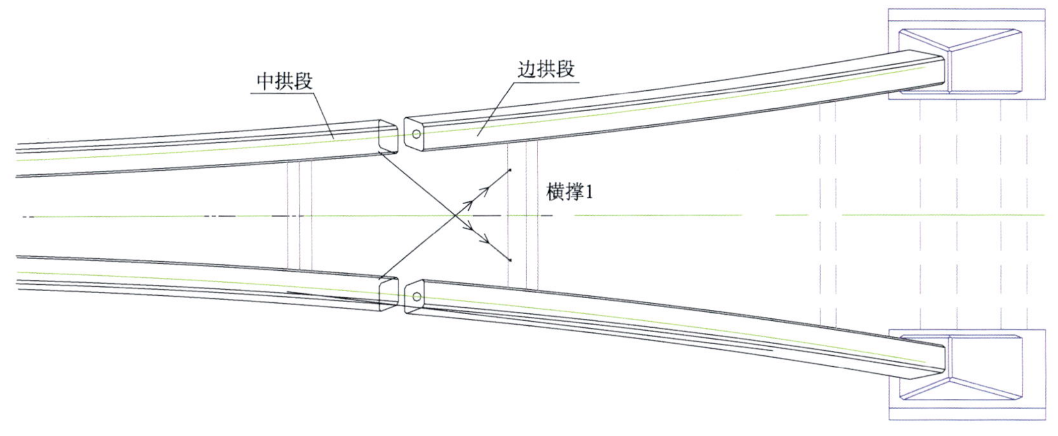

图 3-42 拱肋微调系统平面位置示意图

锚固端钢板采用临时小吊耳，吊耳设置在 N5 节段内侧腹板顶部倒角处，并将吊耳耳板方向调整至与千斤顶对应的张拉方向后焊接牢固，穿入卡环，用钢绞线捆在卡环上，使用千斤顶张拉，从而实现中拱段平面位置的调整。吊耳立面位置如图 3-43 所示。

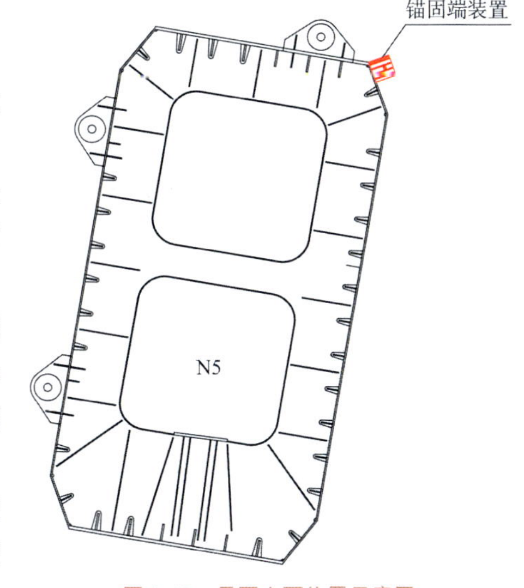

图 3-43 吊耳立面位置示意图

张拉端钢板为 3cm 厚的钢板，前端设置 4 块 2cm 厚加劲板，分别设置在两岸横撑 1 顶板前端处。

中拱段微调整完成后，立即进行测量。测量完成后对合龙段进行配切作业，配切时间控制在 6h 以内。配切完成后安装合龙段，合龙段安装对位完成立即采用定位马板固定。定位马板使用 350mm × 15mm × 20mm 钢板，在拱肋吊装前将定位马板放至合龙段内（可作为配重调整其倾角）。定位马板焊接共 4 个工作面，马板设置在两个拱肋纵向加劲肋板居中位置，与拱肋面板进行双面焊接，定位马板在焊缝处间距 50cm 一道，定位马板两端焊缝长度大于 5cm，焊缝高度不得小于 10mm。

合龙段环缝焊接如下。

本工程的钢箱拱肋桥位梁段对接环口焊接截面大，焊接量大，焊接时产生的焊接收缩可能会影响钢箱拱肋的整体线形，导致整体拱形偏差，甚至无法合龙。为了更好完成焊接任务，现场采用以下 2 道工序作为控制焊接变形的措施：①使用限位马板，利用梁段间匹配件控制焊接变形；②利用焊接顺序控制焊接变形。

梁段测量完成定位后，进行匹配件连接，使用销钉限位；然后在环口内部安装限位马板，每道限位马板间距小于 100cm。将合龙段分为 4 个工作面，即底板、顶板和两侧腹板进行焊接，如图 3-44 所示。

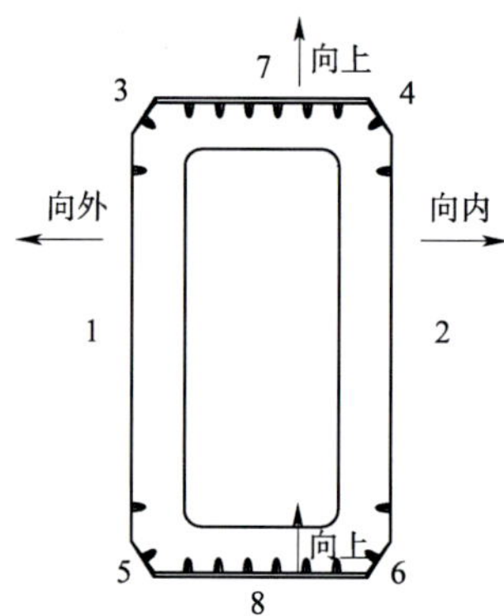

图3-44　合龙段吊耳整体立面图

1-外腹板对接焊缝,单坡口朝箱外;2-内腹板对接焊缝,单坡口朝箱外;3-顶板侧角壁板对接焊缝,单坡口朝箱外;4-顶板侧角壁板对接焊缝,单坡口朝箱外;5、6-底板侧角壁板对接焊缝,单坡口朝箱内;7-顶板对接焊缝,单坡口朝箱外;8-底板对接焊缝,单坡口朝箱内

焊接原则为四面焊缝同步焊接,焊接道数对称,进度比例接近,且对称焊缝焊接进度遍数相差不能超过3道。

焊接过程中要求监控单位在焊接不同进度监控拱肋线形,如在焊接过程中发现偏移,则利用后续焊接纠偏。测量人员需在打底焊后监控测量一次,焊接中间监控测量一次,全部焊接完成后监控测量一次。

环缝焊接完成后,安全质量组检查焊缝情况,并汇报指挥组,由指挥组下达浮式起重机松钩指令,浮式起重机松钩后进行下游拱肋安装。下游拱肋安装施工步骤及工序卡控按照上游拱肋进行。

第四章 成拱及成桥体系转换关键技术

第一节 合理成拱支架拆除的研究分析

1. 合理成拱杆系单元分析

官塘大桥主拱合龙完成后，需要拆除提升支架、边拱段施工支架。支架拆除的顺序合理与否，会对结构内力、变形及支架结构造成不同影响。根据本工程实际情况，拟采用4种不同方式对支架拆除顺序进行模拟分析，以确保拱肋成拱的最佳、最合理状态。拆除支架方案如表4-1所示。

拆架方案　表4-1

方案编号	拆除次序		
	1	2	3
方案1	拆除水平约束索	拆除竖向吊索	拆除边拱段支架
方案2	拆除水平约束索	拆除边拱段支架	拆除竖向吊索
方案3	拆除竖向吊索	拆除水平约束索	拆除边拱段支架
方案4	拆除竖向吊索	拆除边拱段支架	拆除水平约束索

支架拆除模拟主要通过midas Civil三维有限元计算分析软件建立杆系单元模型计算各种拆架方案时结构的应力大小，用来研究拱肋合龙后的最优拆架次序。因此分析过程中荷载仅考虑结构自重、水平索拉力的影响，计算结果如表4-2～表4-5所示。

方案1拆除各构件应力(MPa)计算结果　表4-2

拆架阶段	拱肋应力		提升支架应力		边拱段支架应力	
	最大拉应力	最大压应力	最大拉应力	最大压应力	最大拉应力	最大压应力
拆除水平索	20.7	-87	55.1	-103.4	83.6	-63.2
拆除竖向吊索	—	-56.3	—	—	140	-132.9
拆除边拱段支架	—	-75.5	—	—	—	—

方案 2 拆除各构件应力(MPa)计算结果　　表 4-3

拆架阶段	拱肋应力		提升支架应力		边拱段支架应力	
	最大拉应力	最大压应力	最大拉应力	最大压应力	最大拉应力	最大压应力
拆除水平索	—	-85.6	53.2	-97.7	50	-54.7
拆除边拱段支架	22.4	-86	53	-95.4	—	—
拆除竖向索	—	-70.2	—	—	—	—

方案 3 拆除各构件应力(MPa)计算结果　　表 4-4

拆架阶段	拱肋应力		边拱段支架应力	
	最大拉应力	最大压应力	最大拉应力	最大压应力
拆除竖向吊索	20.6	-79.4	283.1	-251.5
拆除水平索	—	-55.1	137.5	-130.5
拆除边拱段支架	—	-75.2	—	-71.5

方案 4 拆除各构件应力(MPa)计算结果　　表 4-5

拆架阶段	拱肋应力		边拱段支架应力	
	最大拉应力	最大压应力	最大拉应力	最大压应力
拆除竖向吊索	20.6	-79.4	283	-251.5
拆除边拱段支架	—	-114.1	—	—
拆除水平索	—	-75.2	—	—

2. 空间验证分析

根据杆系分析的计算结果,采用 ANSYS 有限元软件建立空间模型对较优支架拆除次序进行空间验证分析,模型中采用杆单元、板壳单元和实体单元 3 种单元类型,边界条件设置、空间验证分析结果分别如表 4-6、表 4-7 所示。

边界条件　　表 4-6

边界组名称	约束部位	约束类型
拱脚段固结	4 个拱脚截面	Ux、Uy、Uz、Rx、Ry、Rz
吊装钢束顶端固结	吊装钢束顶端	Ux、Uy、Uz
边拱段支架支撑	边拱段拱肋上	Ux、Uy、Uz
钢束耦合	钢束锚固端与垫板	刚性连接

空间验证分析结果汇总表　　表 4-7

方案	图例	结果
方案一	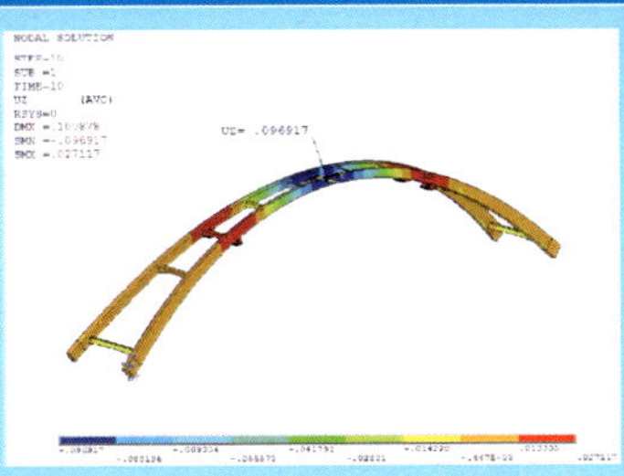	拱肋结构的竖向最大位移为96.9mm,产生在拱顶处;抱箍与拱肋接触处最大应力约110MPa,加劲肋的最大应力为92.9MPa,产生在合龙口处底板的加劲肋上;横隔板的最大应力为112MPa,产生在合龙口处的横隔板上;横撑的最大应力为92.9MPa,产生在边拱段上的肋间横梁上;抱箍最大应力约120MPa,产生在抱箍与拱肋的交界面处
方案二	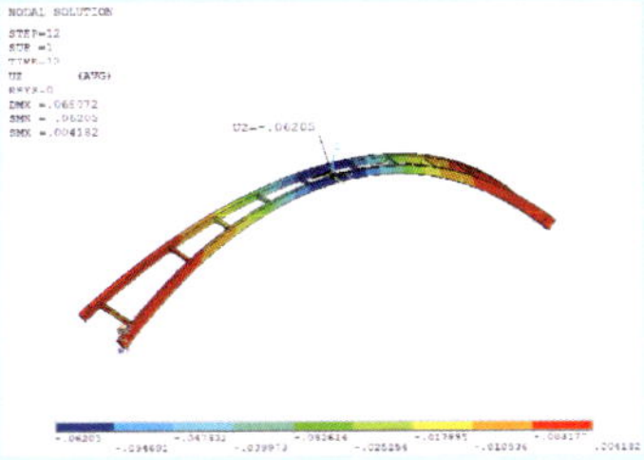	拱肋结构的竖向最大位移为62.1mm,最大位移产生在拱顶处;合龙口处最大应力约110MPa,产生在合龙口的交界面处;加劲肋的最大应力为186MPa,产生在合龙口处底板的加劲肋上;横隔板最大应力约150MPa,产生在合龙口的交界面处,横撑的最大应力为93.2MPa,产生在边拱段上的肋间横梁上
方案三	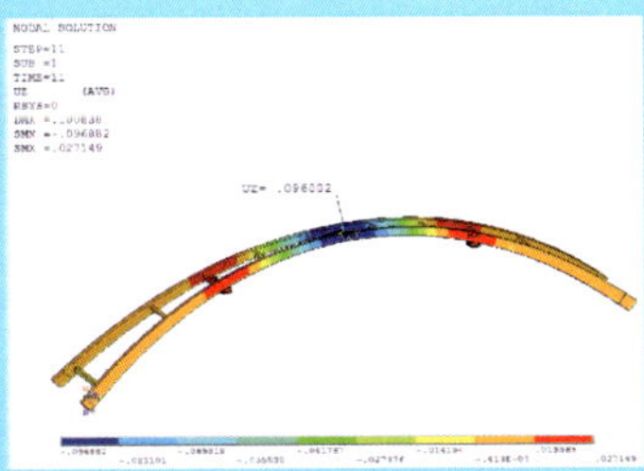	拱肋结构的竖向最大位移为96.8mm,产生在拱顶处;抱箍与拱肋接触处最大应力约120MPa,产生在抱箍与拱肋的交界面处;加劲肋的最大应力为92.9MPa,产生在合龙口处底板的加劲肋上;横隔板的最大应力为112MPa,产生在合龙口处的横隔板上;横撑的最大应力为92.9MPa,产生在边拱段上的肋间横梁上

第二节 拱肋支架拆除

拱肋支架的拆除见表4-8。

拱肋支架的拆除　　表 4-8

拆除顺序	施工照片
水平约束索拆除	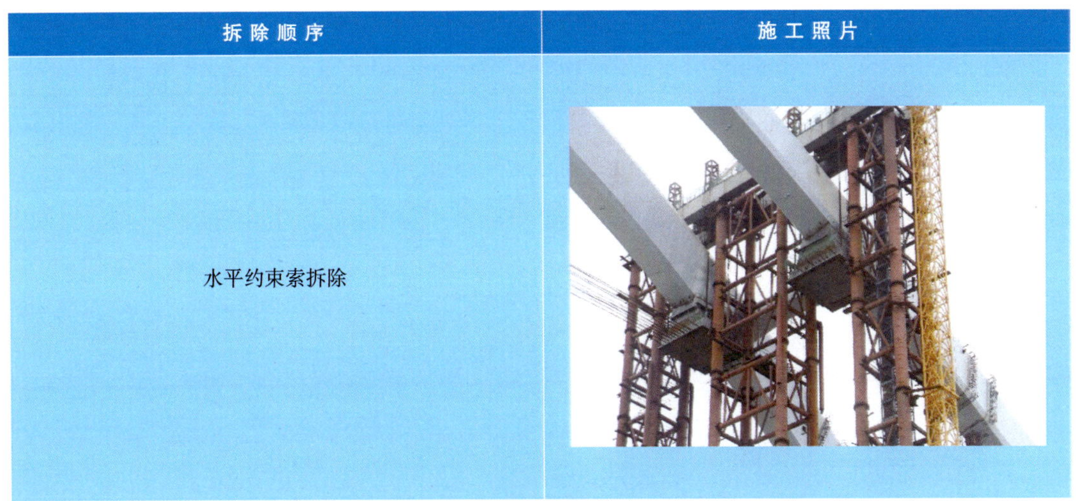

续上表

拆除顺序	施工照片
边拱段支架拆除	
竖向提升索和提升支架拆除	

第三节 合理成拱结论

通过 midas Civil 三维有限元计算分析软件建立的杆系单元模型和空间验证分析结果可知，方案 2 为最佳的支架拆除方案，即拱肋合龙完成后首先拆除水平约束索，然后拆除边拱段支架，最后再拆除竖向吊索对拱肋结构应力影响较小。

第五章　合理成桥与主梁安装关键技术

第一节　合理成桥与主梁安装的研究分析

钢主梁为正交异型桥面板流线型扁平钢箱梁，分为无索区和有索区梁段。由于东西岸边无索区梁段区域大部分为浅水区或无水区，梁段无法直接利用机械将钢箱梁吊装至设计位置，决定采用拖拉支架法安装无索区钢箱梁，对有索区采用桥面起重机对称吊装施工，同时安装吊索，以减小柳江洪水影响，加快施工进度，减少施工工期。

1. SCDS 模型建立

采用 SCDS2015 结构平面计算程序（中铁大桥勘测设计院集团有限公司研发）建立全桥模型，对全桥成拱阶段、二期恒载施工完成后拱肋、钢箱梁应力、位移及吊索索力进行计算。计算过程中将实际结构进行结构离散，在拱肋截面突变处设置节点，钢箱拱肋等间距划分（水平长度 2.6m），在主梁横梁位置设置节点，同时建立水平临时拉索单元。全桥共划分节点 369 个，单元 407 个。计算模型建立以顺桥向为 X 轴，拱肋矢高方向为 Y 轴的坐标系。SCDS 计算模型如图 5-1 所示。

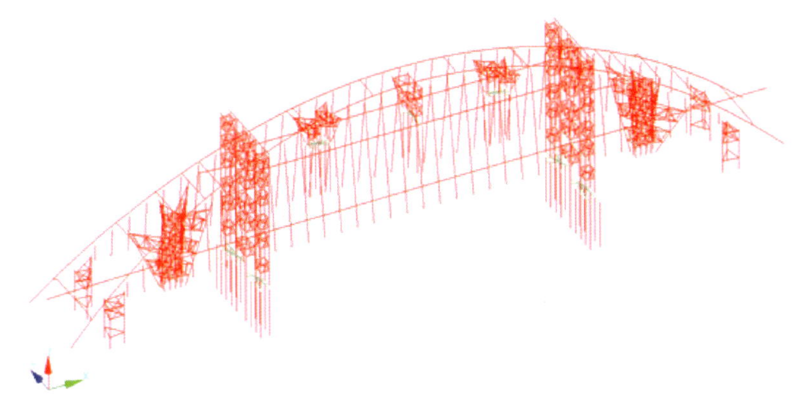

图 5-1　SCDS 计算模型

2. 计算结果

（1）成桥状态索力及索应力计算结果见表 5-1。

成桥状态索力及索应力计算结果　　表 5-1

索号	索力(kN)	索号	索力(kN)	索号	索力(kN)	索号	索力(kN)
D1	-1702.1	D11	-1451.3	D21	-1478.9	D31	-1441.4
D2	-1540.8	D12	-1446.5	D22	-1474.5	D32	-1425.5
D3	-1563.6	D13	-1444.1	D23	-1463.9	D33	-1423.9
D4	-1573.4	D14	-1445.8	D24	-1460.1	D34	-1570.4
D5	-1424.3	D15	-1446.0	D25	-1449.6	D35	-1571.2
D6	-1434.5	D16	-1457.1	D26	-1446.2	D36	-1520.2
D7	-1431.6	D17	-1457.6	D27	-1437.1	D37	-1702.0
D8	-1444.0	D18	-1460.3	D28	-1446.8		
D9	-1431.6	D19	-1470.4	D29	-1439.7		
D10	-1442.9	D20	-1482.2	D30	-1431.5		

(2)成桥状态主梁应力曲线如图 5-2 所示。

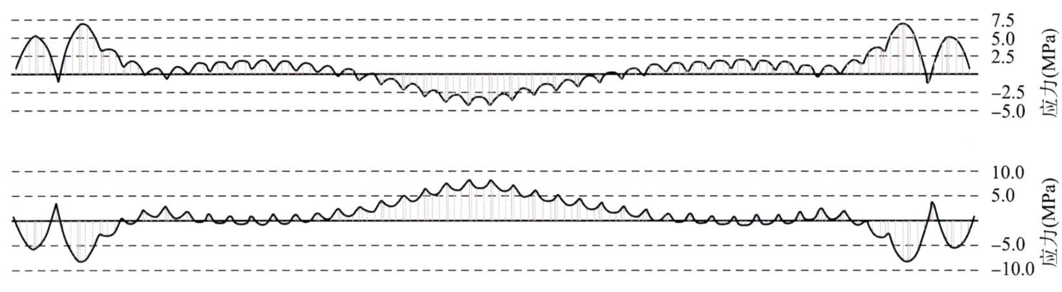

图 5-2　成拱状态主梁应力曲线

结果表明:成桥状态下主梁最大竖向位移位于跨中,向上 2mm;主梁上缘最大拉应力 -4.47MPa,位于跨中,最大压应力 6.82MPa,位于支座与 D1 吊索中间;主梁下缘最大拉应力 -8.37MPa,位于支座与 D1 吊索中间,最大压应力 8.48MPa,位于跨中。

(3)成桥状态拱肋位移计算结果如图 5-3 所示。

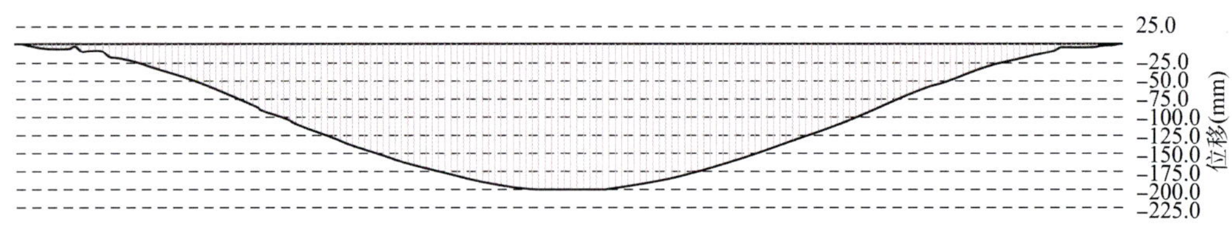

图 5-3　成桥状态拱肋位移计算结果

结果表明:成桥后拱肋最大竖向位移 -195mm,位于跨中;拱肋上缘最大压应力 110.42MPa,位于跨中,无拉应力;拱肋下缘最大压应力 77.94MPa,位于钢-混凝土结合段附近钢箱拱侧,无拉应力。

(4)成桥状态支座反力计算结果如图 5-4 所示。

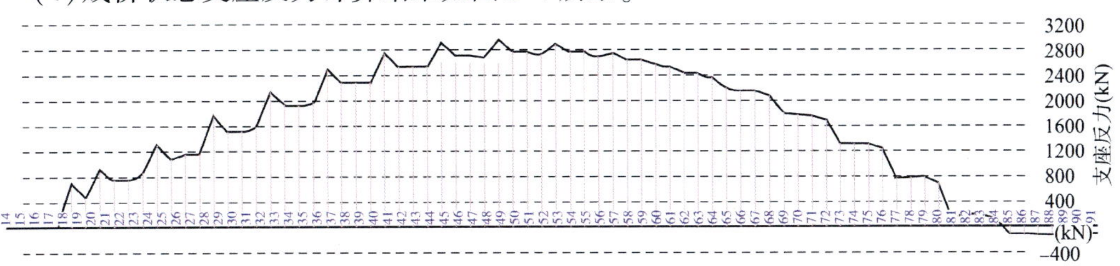

图 5-4　成桥状态支座反力计算结果

结果表明:成桥阶段单个支座反力为 2482.1kN,运营阶段单个支座最大支座反力为 4855.6kN 小于支座设计荷载 10000kN,满足要求。

第二节　钢箱梁安装及吊索分阶段张拉

1. 钢箱梁安装(表 5-2)

钢箱梁安装　　　　表 5-2

工况模拟	实施照片	流程简述
		无索区钢箱梁拖拉支架安装
		钢箱梁由加工场转运至运输船
		无索区钢箱梁采用拖拉滑移支架逐节安装

续上表

工况模拟	实施照片	流程简述
		有索区钢箱梁采用步履式桥面起重机对称安装
		钢箱梁合龙
		二期恒载加载完成，调整索力，成桥

2. 吊索分阶段张拉

主梁自重及桥面荷载首先通过梁体传给吊索，然后传递给主拱肋，最后由主拱肋传到拱座及拱座基础。由于吊索的不同施工加载顺序会影响吊索的受力，如不进行各施工阶段吊索随时调整和现场的实时监控，会造成吊索受力不均匀，局部吊杆索力增大，弹性变形过大造成梁体变形，直接影响主拱肋、钢箱梁线型和桥梁的正常使用。主桥吊索预应力张拉顺序如下：

第一阶段（调整钢箱梁高程为主）：每一节段钢箱梁吊装完成后，根据设计文件和监控指令张拉吊索，进行主梁高程的调节。

第二阶段（调整钢箱梁线形为主）：除钢箱梁合龙段外其余钢箱梁节段吊装完成后，且钢箱梁合龙段未合龙之前，根据设计文件和监控指令张拉吊索，进行全部节段主梁高程和线形的调节。

第三阶段（调整吊索索力为主）：全桥钢箱梁合龙后，根据设计文件和监控指令，按照两边（D1、D37）至中间（D19）的张拉顺序进行张拉，此轮（次）张拉以索力控制为主，高程控制为辅。

第四阶段(全桥索力调整):桥面二期荷载施工完成后,根据设计索力值及监控指令数据,最后一次调整吊索内力和主梁的线形,直至满足设计要求。该阶段只对不符合设计要求的吊索进行调整,已满足设计要求的可不做调整。

第三节 成桥状态结构结果

根据二期恒载加载完成后对全桥进行监测,主要监测内容有拱座基础位移、主拱线形、主梁线形、主拱应力、主梁应力、吊索索力六大内容,分别以表格形式列出比较值,具体如下。

1. 拱座基础

主桥拱座监测结果见表 5-3。

主桥拱座监测结果　表 5-3

部　位	纵向位移		沉　降　值	
	理论值(mm)	实测平均值(mm)	理论值(mm)	实测平均值(mm)
西岸上游	3.5	4.5	13.5	9.5
西岸下游	3.5	4.5	13.5	10.5
东岸上游	3.5	4.7	13.5	10
东岸下游	3.5	5.5	13.5	9

2. 主拱线形

上游、下游拱肋线形偏差分别见表 5-4、表 5-5。

上游拱肋线形偏差　表 5-4

测点位置及编号		理论(m)	实测(m)	差值(mm)
1/8 处	N3 末-中	131.167	131.066	-101
1/4 处	N6 末-中	163.674	163.574	-100
跨中	N11 前-中	184.142	184.053	-89
3/4 处	N5′前-中	163.348	163.272	-76
7/8 处	N2′前-中	130.636	130.585	-51

下游拱肋线形偏差　表 5-5

测点位置及编号		理论(m)	实测(m)	差值(mm)
1/8 处	N2 末-下	116.795	116.763	-32
1/4 处	N5 前-中	163.348	163.244	-104
跨中	N10 末-下	183.501	183.399	-102
3/4 处	N8′末-中	176.676	176.587	-89
7/8 处	N2′前-中	130.636	130.590	-46

主拱 1/8 处、1/4 处、跨中、3/4 处及 7/8 处的线形偏差,主拱线形平顺,偏差最大为 -104mm,满足规范要求。

3. 主梁线形

全桥调索后主梁线形见表5-6。

全桥调索后主梁线形　　表5-6

梁段编号	梁段类型	理论(m)		实测高程(m)		偏差(mm)		
		里程	高程	上游	下游	上游	下游	平均
1号	A	-222.2	101.474	101.452	101.455	-22	-19	-21
2号	B-1	-211.5	101.682	101.662	101.693	-20	11	-5
3号	C	-201.0	101.887	101.872	101.883	-15	-4	-9
4号	D	-189.0	101.968	101.992	101.975	24	7	16
5号	E	-178.5	102.176	102.158	102.153	-18	-23	-21
6号	E	-168.0	102.384	102.384	102.374	0	-10	-5
7号	E	-157.5	102.592	102.593	102.589	1	-3	-1
8号	E	-147.0	102.800	102.791	102.793	-9	-7	-8
9号	E	-136.5	103.000	102.984	102.988	-16	-12	-14
10号	E	-126.0	103.191	103.187	103.187	-4	-4	-4
11号	E	-115.5	103.373	103.395	103.394	22	21	21
12号	E	-105.0	103.546	103.557	103.550	11	4	8
13号	E	-94.5	103.709	103.716	103.715	7	6	6
14号	E	-84.0	103.864	103.871	103.872	7	8	8
15号	E	-73.5	104.009	104.006	104.011	-3	2	0
16号	E	-63.0	104.145	104.155	104.154	10	9	9
17号	E	-52.5	104.273	104.252	104.268	-21	-5	-13
18号	E	-42.0	104.391	104.393	104.395	2	4	3
19号	E	-31.5	104.501	104.507	104.504	6	3	5
20号	E	-21.0	104.601	104.600	104.601	-1	0	-1
21号	E	-10.5	104.693	104.684	104.687	-9	-6	-7
22号	E	0.0	104.776	104.787	104.787	11	11	11
24号	F	10.5	104.850	104.885	104.89	35	40	37
25号	E	21.0	104.916	104.929	104.932	13	16	15
26号	E	31.5	104.973	104.958	104.976	-15	3	-6
27号	E	42.0	105.021	104.993	105.011	-28	-10	-19
28号	E	52.5	105.060	105.033	105.048	-27	-12	-20
29号	E	63.0	105.090	105.093	105.094	3	4	3
30号	E	73.5	105.111	105.111	105.103	0	-8	-4
31号	E	84.0	105.124	105.102	105.084	-22	-40	-31
32号	E	94.5	105.127	105.109	105.097	-18	-30	-24
33号	E	105.0	105.121	105.122	105.111	1	-10	-4

续上表

梁段编号	梁段类型	理论(m)		实测高程(m)		偏差(mm)		
		里程	高程	上游	下游	上游	下游	平均
34 号	E	115.5	105.106	105.091	105.096	-15	-10	-12
35 号	E	126.0	105.081	105.092	105.076	11	-5	3
36 号	E	136.5	105.048	105.043	105.046	-5	-2	-3
37 号	E	147.0	105.005	105.006	105.010	1	5	3
38 号	E	157.5	104.955	104.982	104.959	27	4	16
39 号	E	168.0	104.904	104.926	104.898	22	-6	8

4. 主拱应力

全桥调索完成后主拱应力情况见表 5-7。

全桥调索完成后主拱应力情况 表 5-7

测点位置		编号	理论(MPa)	实测(MPa)		差值(MPa)	
				上游拱肋	下游拱肋	上游拱肋	下游拱肋
N0 断面	顶板	T1/T1′	-24	-24	-10	0	14
		T2/T2′	-44	-30	-24	14	20
	底板	B1/B1′	-86	-72	-99	14	-13
		B2/B2′	-107	-142	-149	-35	-42
N5 断面	顶板	T1/T1′	-64	-82	-77	-18	-13
		T2/T2′	-67	-71	-81	-4	-14
	底板	B1/B1′	-60	-55	-71	5	-11
		B2/B2′	-62	-77	-63	-15	-1
N11 断面	顶板	T1/T1′	-95	-113	-105	-18	-10
		T2/T2′	-95	-109	-98	-14	-3
	底板	B1/B1′	-81	-100	-80	-19	1
		B2/B2′	-82	/	-90	/	-8
N5′断面	顶板	T1/T1′	-64	-78	-69	-14	-5
		T2/T2′	-67	-72	-79	-5	-12
	底板	B1/B1′	-60	-60	-55	0	5
		B2/B2′	-62	-68	-67	-6	-5
N0′断面	顶板	T1/T1′	-26	-8	7	18	33
		T2/T2′	-40	-37	-9	3	31
	底板	B1/B1′	-91	-100	-80	-9	11
		B2/B2′	-105	-108	-144	-3	-39

从表 5-7 可以看出,拱肋整体处于受压状态,拱脚处压应力最大,最大为 -149MPa,主要是因为边拱段临时支架较柔,拱肋安装时未起到应有的支撑作用。

5. 主梁应力

全桥调索完成后主梁应力情况见表5-8。

全桥调索完成后主梁应力情况　　表5-8

位置		测点编号	理论(MPa)	实测(MPa)	差值(MPa)
莲花大道侧	顶板	T1	-8	-12	-4
		T2	-8	-15	-7
		T3	-8	-7	1
	底板	B1	12	15	3
		B2	12	17	5
		B3	12	14	2
柳州汽车城侧	顶板	T1′	-6	-10	-4
		T2′	-6	-8	-2
		T3′	-6	-8	-2
	底板	B1′	9	13	4
		B2′	9	12	3
		B3′	9	—	—

由表5-8中可以得出,实测主梁应力水平整体趋势与理论计算吻合,所测截面应力水平较低,顶板受压最大应力-15MPa,底板受拉最大应力17MPa。

6. 吊索索力

全桥调索完成后吊索索力实测值与理论值对比,见表5-9。

全桥调索完成后吊索索力实测值与理论值对比(kN)　　表5-9

吊索编号	理论索力	实测索力				偏差百分比			
		上游		下游		上游		下游	
		外侧	内侧	外侧	内侧	外侧	内侧	外侧	内侧
D1	1099	1168	1188	1175	1185	6%	8%	7%	8%
D2	872	952	922	962	912	9%	6%	10%	5%
D3	801	845	866	870	803	5%	8%	9%	0%
D4	766	833	807	774	771	9%	5%	1%	1%
D5	747	811	754	726	755	9%	1%	-3%	1%
D6	738	735	754	727	767	0%	2%	-1%	4%
D7	737	757	718	789	780	3%	-3%	7%	6%
D8	737	691	707	704	756	-6%	-4%	-5%	3%
D9	738	805	801	788	748	9%	9%	7%	1%
D10	732	759	753	710	757	4%	3%	-3%	3%
D11	732	717	744	696	695	-2%	2%	-5%	-5%
D12	734	716	722	713	723	-2%	-2%	-3%	-1%
D13	796	738	745	733	737	-7%	-6%	-8%	-7%

续上表

吊索编号	理论索力	实测索力				偏差百分比			
		上游		下游		上游		下游	
		外侧	内侧	外侧	内侧	外侧	内侧	外侧	内侧
D14	753	767	779	744	724	2%	3%	-1%	-4%
D15	734	768	693	788	780	5%	-6%	7%	6%
D16	747	678	685	726	735	-9%	-8%	-3%	-2%
D17	754	752	718	696	680	0%	-5%	-8%	-10%
D18	738	754	755	686	695	2%	2%	-7%	-6%
D19	740	706	693	720	704	-5%	-6%	-3%	-5%
D20	738	675	714	716	739	-9%	-3%	-3%	0%
D21	754	685	701	729	781	-9%	-7%	-3%	4%
D22	750	689	692	767	750	-8%	-8%	2%	0%
D23	734	754	719	751	719	3%	-2%	2%	-2%
D24	753	720	720	734	711	-4%	-4%	-3%	-6%
D25	795	795	765	765	738	0%	-4%	-4%	-7%
D26	733	750	746	686	683	2%	2%	-6%	-7%
D27	732	704	706	800	782	-4%	-4%	9%	7%
D28	732	757	772	707	765	3%	5%	-3%	5%
D29	738	764	806	749	756	4%	9%	2%	2%
D30	737	752	763	716	707	2%	3%	-3%	-4%
D31	736	723	743	719	730	-2%	1%	-2%	-1%
D32	736	743	742	745	730	1%	1%	1%	-1%
D33	744	721	724	738	711	-3%	-3%	-1%	-4%
D34	745	750	810	759	779	1%	9%	2%	5%
D35	774	841	801	753	777	9%	4%	-3%	0%
D36	851	907	930	901	906	7%	9%	6%	6%
D37	1096	1184	1194	1108	1198	8%	9%	1%	9%
平均值						1%	1%	0%	0%
最大值						9%	9%	10%	9%
最小值						-9%	-8%	-8%	-10%

由表5-9数据得出，全桥吊索索力整体控制较好，均在±10%以内，平均偏差1%，安全系数介于3.2~4.8，满足相关规范要求。

第六章　工业自动化信息系统应用研究

第一节　主拱提升监测指挥系统的开发与运用

为了及时掌握中拱段整体提升过程中各构件受力状态，项目部自主研发了柳州市官塘大桥主拱提升检测指挥系统(图 6-1)，对拱肋整体提升进行实时监测，以降低施工风险。在中拱段整体提升施工前自主开发了官塘大桥主拱提升智能监测指挥系统，通过施工现场安装的风速仪、温度传感器、应力感应元件实现数据实时采集，可对施工过程中风速、温度及支架应力应变数据进行实时监测；通过设定预警值，可对施工过程中异常情况实时预警、报警。该系统以数值及三维仿真动画形式直观动态呈现，关键部位以现场监控视频实时传送，不仅降低了施工风险，还大幅度节约了人力物力。监控点布置如图 6-2 所示。

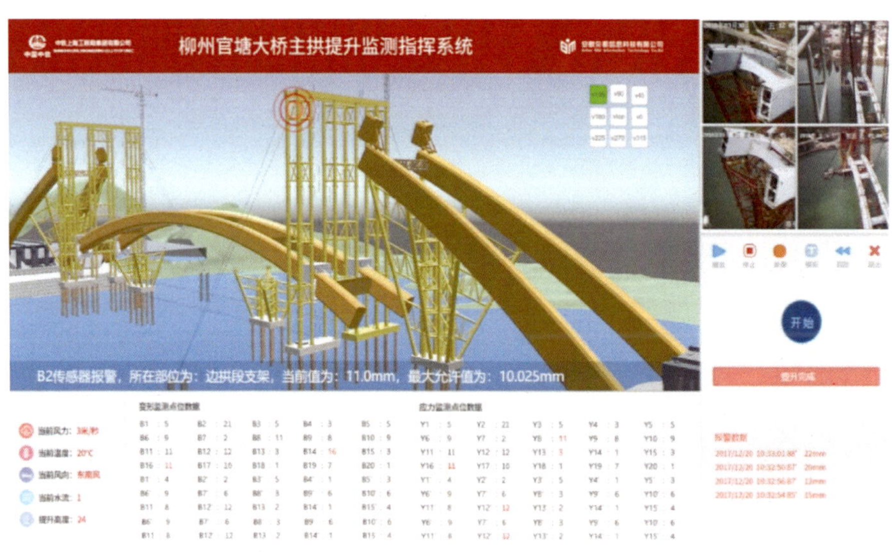

图 6-1　柳州市官塘大桥主拱提升智能监测指挥系统

通过智能监测指挥系统，有效防范复杂的支架结构受力不均匀、拱肋轴线偏差位移、桩基承载力不足、某部位存在质量缺陷等现象的发生，解决拱肋提升前因人工检查可能疏忽或者无法采用人工检查的问题。

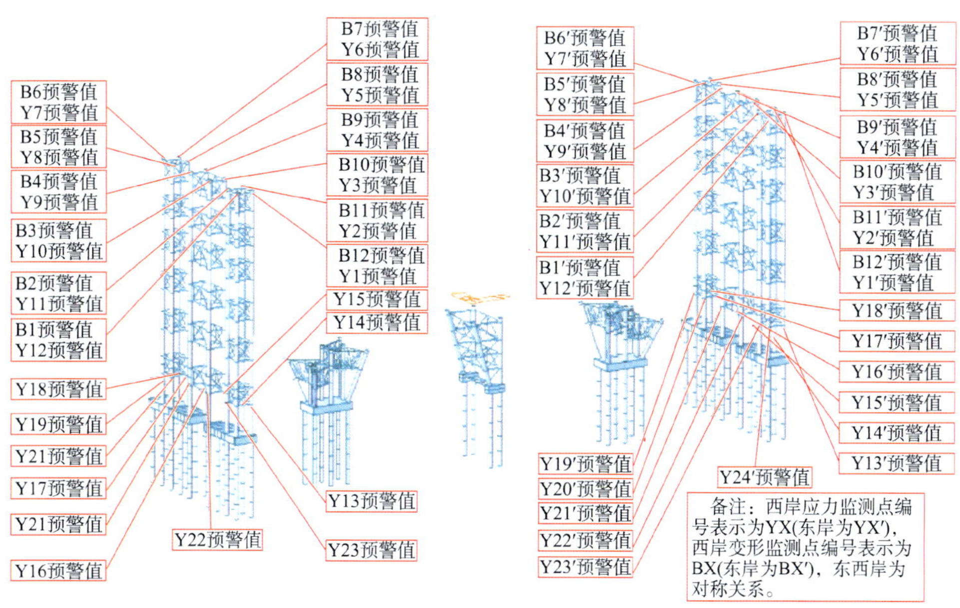

图 6-2 监控点布置图

第二节 LSDKC(C)-16 控制系统的应用

官塘大桥中段拱肋采用 LSDKC(C)-16 控制系统(图 6-3)辅助整体提升。该系统为网络式远程计算机控制系统，控制距离达 1km。它为每个泵站配置一个现场控制器，每个现场控制器控制 4 台 LSD 液压提升千斤顶，各现场控制器之间采用通信单元通信，所有检测及控制信号经过通信单元传送到监控计算机，以利于操作者掌握全局。

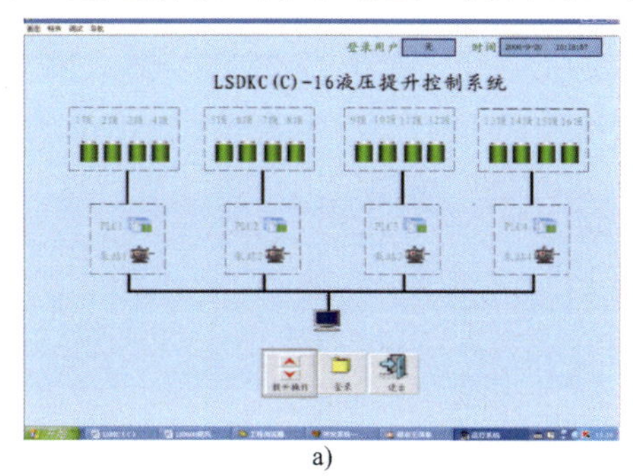

a)

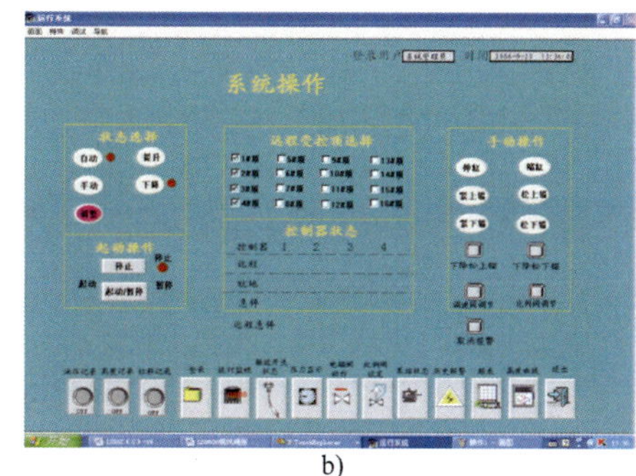

b)

图 6-3 LSDKC(C)-16 控制系统操作界面

现场控制箱采用 PLC 控制，在就地控制状态下，能对 1 个泵站和 1 ~ 4 台千斤顶进行自动、手动、调整操作；在远程控制状态下，现场控制箱仅能进行急停操作。

系统的监控计算机采用工控机。在联机状态下，当系统为远程控制状态时，所有的操作均由监控计算机完成，系统的各种状态均显示在屏幕上。为了更好掌控计算机操作系统，指挥中心(图 6-4)同时针对提升千斤顶误差、多点匹配油路偏差，以及拱肋提升行程值、受力偏差等方面进行数据修正，掌握其误差规律后，对整个提升系统进行修正匹配，确保拱肋提升的同步性。

a)

b)

图 6-4　主拱整体提升指挥中心

第七章　施工质量安全管理

第一节　工程质量

1. 质量体系建设

项目部建立了以项目经理和各部门为责任主体的质量保证体系，制定了技术责任制、技术交底制度和“三验制”等27项规章制度，并对制定的各项规章制度进行下发、学习，质量管理文件如图7-1所示。

中铁上海工程局集团有限公司柳州市官塘大桥工程项目经理部文件

中铁上海官塘安质〔2016〕15号

关于印发《质量管理办法》的通知

项目部所属各部室、各作业队：

为规范柳州市官塘大桥工程质量管理行为，根据国务院《建设工程质量管理条例》，结合柳州市官塘大桥工程建设实际和中铁上海工程局集团有限公司关于工程质量管理的要求，制定本办法。

附件：质量管理办法

中铁上海工程局集团有限公司
柳州市官塘大桥工程项目经理部
2016年3月4日

图7-1　质量管理文件

2. 质量培训管理

大力开展“作业前工序交底、技术交底培训、首件制验收、工序总结”等质量工作，如图7-2～图7-5所示。

3. 过程控制

施工过程中对方案设计、技术交底进行策划。加强各工序施工过程质量控制标准，严格项目工程施工质量管理。针对现场重大危险工序组织邀请中铁上海工程局集团有限公司、中铁上海工程局集团第五工程有限公司、监理单位、业主、专家等验收,验收合格后方可进入下步工序施工。整体提升前检查验收工作如图7-6、图7-7所示。

图7-2　试验室培训

图7-3　预应力施工技术培训

图7-4　中拱段提升方案交底

图7-5　中拱段提升部署会

图7-6　提升支架检查验收

图7-7　提升支架集团公司验收会

4.股份公司卡控红线严格把控

该工程钢筋施工严格按照《中国中铁股份有限公司施工现场直螺纹钢筋机械连接质量标准卡控红线》执行,从人员、设备、材料、技术、加工安装、检验验收、质量控制等各环节卡控。

5.试验检测

百年大计,质量为先。试验检测是桥梁工程质量控制的重要手段,在该项目开工前试验室协同物资机械部采购人员一起对项目周边的砂石、片石等地方材料进行多方调查,通过取样送样检测分析确定了合格的原材料，以及符合要求的原材料供应商。搅拌站自拌期间根据科学、经济、合理的宗旨优化原材料的组合，提高混凝土质量，降低成本，节约造价；在商品混凝土使用期间定期对商品混凝土站原材料进行抽样送检，不定期验证商品混凝土施工配合比，对满足龄期的实体结构以回弹检测与试件强度对比、分析，采取持续过程控制、动态控制的机制，确保工程内在质量和外在质量满足设计及施工规范要求。

试验室通过检测，提供科学、客观、准确、及时的试验数据，指导、控制施工生产，避免因质量原因造成返工、成本增加。

（1）原材料检测工作根据广西壮族自治区文件精神，采用二维码进行见证取样，保证检测样品的唯一性，真实反映混凝土及进场材料质量的实际情况，如图 7-8 ~ 图 7-11 所示。

图 7-8 钢筋原材二维码取样

图 7-9 混凝土二维码试件

图 7-10 集料二维码封样

图 7-11 减水剂二维码取样

（2）针对施工情况及时开展现场检测工作，为下道工序提供有效的试验数据，确保现场施工质量。现场检测工作如图 7-12 ~ 图 7-21 所示。

图 7-12 墩身强度回弹法检测

图 7-13 钢筋保护层厚度检测

图 7-14　混凝土试件抗压检测

图 7-15　边坡锚索张拉抽检

图 7-16　地基承载力检测

图 7-17　桩基取芯抽检

图 7-18　台背回填压实度检测

图 7-19　钢筋套筒连接质量检测

图 7-20　满堂支架碗扣检测

图 7-21　拱肋节段焊缝探伤检测

第二节 安全管理

一 安全管理情况

项目部先后获得柳州市“安全文明标准化工地”和广西壮族自治区“安全文明标准化工地”称号。

1. 安全生产责任制

项目部按照中铁上海工程局集团有限公司和中铁上海工程局集团第五工程有限公司规定，成立安全领导小组，健全了安全生产管理体系，明确了各岗位职责，共制定了 39 项规章制度，并下发给管理人员学习。

2. 安全教育培训

强化“三级”安全教育。陆续组织了复工、岗前安全教育培训，对不同工序、工种开展了针对性的专项培训，至今已培训 608 人次。在进行培训的同时，积极组织施工人员进行安全体验馆真人体验活动，共设置了安全带使用体验区、安全帽撞击体验区、灭火器演示体验区、预防触电事故体验区、爬梯体验区、安全急救体验区、钢丝绳使用方法体验区、安全防护装备展示培训体验区、平衡木体验区，体验人数达 608 人次。人员培训及安全体验馆建设如图 7-22 ~ 图 7-24 所示。

图 7-22 项目部人员培训考试

图 7-23 分工种专项培训

图 7-24 安全体验馆建设

3. 班组长开展情况

项目部自 2016 年 5 月开展作业层班组长安全质量责任制以来，期间严格落实过程考核制度，依据考核结果发放津贴补助。目前为止项目部共聘请 5 名作业层班组长，组织签订了班组长安全质量责任书，如图 7-25、图 7-26 所示。

图 7-25　作业层班组长教育培训

图 7-26　签订班组长责任书

4. 安全质量隐患排查治理系统落实情况

项目部按照中铁上海工程局集团有限公司、中铁上海工程局集团第五工程有限公司规定，积极开展了项目安全质量隐患排查治理工作，做到全员参与、落实到人，切实保证了安全质量隐患排查治理系统平台的正常运行，目前项目部得分为 100 分，如图 7-27、图 7-28 所示。

图 7-27　隐患排查系统培训

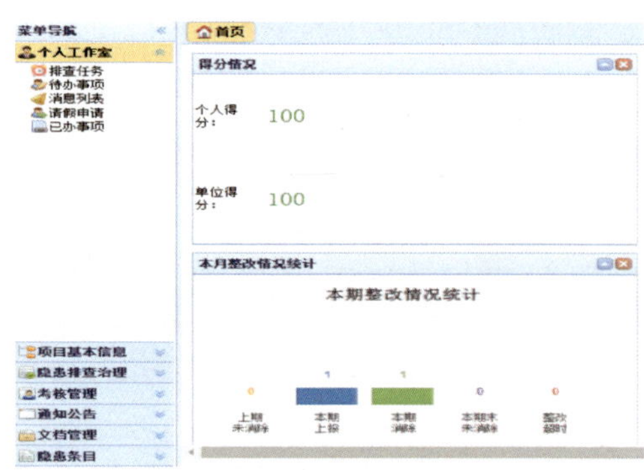

图 7-28　开展隐患排查治理工作

5. 中国中铁股份有限公司 2017 年 1 号文件落实情况

项目部组织全体员工学习了《中国中铁股份有限公司防范惯性事故强化技术及管理交底刚性要求》（中铁股份生产〔2017〕1 号），如图 7-29 所示；项目部安全质量部（简称安质部）将中国中铁股份有限公司（简称中铁股份公司）2017 年 1 号文件内容印刷成册，发放给项目部全体管理人员，做到随身携带、随时学习、牢记、紧绷安全弦；结合本工程实际选取了 15 个惯性安全生产事故案例进行现场警示宣传（图 7-30）。通过以上方式的学习，使项目部全体人员、施工人员在施工过程中有效避免发生类似安全生产事故。

图 7-29 中铁股份公司 2017 年 1 号文件

图 7-30 现场警示宣传牌

6. 中铁股份公司卡控红线文件学习

项目部组织全体员工学习了中铁股份公司《中国中铁股份有限公司起重吊装作业安全卡控红线》《中国中铁股份有限公司有限空间作业安全卡控红线》，施工过程中严格按照卡控红线要求组织施工，如图 7-31 所示。

图 7-31 组织学习卡控红线管理

7. 过程控制

根据本工程施工特点，对钢箱拱肋大型构件吊装、空中异形结构定位、高危支撑体系施工、特种设备管理、中拱段整体提升、钢箱梁及吊索安装等重点施工环节、重大危险源加强现场管控力度，确保施工过程安全可控。

1）拱肋节段大型构件吊装、空中异形结构定位安全管理

柳州市官塘大桥钢箱拱肋净矢高 100m，净跨 450m，拱肋轴线平面与水平面夹角为 80°，拱肋节段最大吊装质量 403.2t，为空中异形结构。空中异形结构定位困难、节段重、吊装高度高是本工程难点及重点。为规范起重吊装施工，加强标准化建设，项目部遵循方案先行、加强过程控制的原则，采取了以下针对措施：

（1）钢拱肋吊装方案进行了多次专家论证，确保施工方案安全可行。拟定了各环节施工思路，优化施工方案。

（2）加强吊装过程中的安全监控，严格按照《中国中铁股份有限公司起重吊装作业安全

卡控红线》要求组织施工。在吊装前,组织吊装施工班组、钢结构施工班组等进行吊装施工方案专项交底会。吊装时检查验收吊耳焊接质量、钢丝绳、吊带是否满足吊装要求,检查起重设备、操作人员是否持证上岗等,检查合格后签发吊装令,未取得吊装令严禁组织吊装作业。吊装完毕后,检查构件连接情况、支撑体系的稳定性,待钢箱拱肋焊接完成后,吊装设备方可撤离。

(3)为解决空中异形钢箱拱肋定位困难、单节拱肋施工周期长的问题,项目部特成立了以项目经理为组长的质量控制小组(QC 小组),采用 PDCA 循环法解决空中异形钢箱拱肋定位困难、施工周期长的问题,确保钢箱拱肋安装过程安全质量可控,如图 7-32、图 7-33 所示。该 QC 成果先后荣获中铁上海工程局集团有限公司 QC 成果一等奖、广西壮族自治区优秀 QC 成果(一类),柳州市官塘大桥 QC 小组获中国中铁股份有限公司优秀质量管理小组称号。

图 7-32　两台浮式起重机配合吊装

图 7-33　中拱段拱肋低位拼装

2)高危支撑体系施工

中拱段支撑体系由中拱段支架、提升支架、柱顶钢箱梁、提升装置构成,水中承台以上高度约 90m。所有单元均在码头临时钢构件加工场内加工,场内试拼合格后,船运至现场;由浮式起重机、塔式起重机吊装组拼,钢管立柱连接采用栓接,其余采用焊接。钢管立柱接高施工、横联及柱顶钢箱梁安装较困难。

针对提升系统水上、高处焊接作业任务重、安全风险大的特点,项目部特采取以下针对性措施:

(1)为保证施工现场高处作业施工安全,特邀请柳州市柳铁中心医院医护人员到项目部对高处作业施工人员进行体检,对患有高血压、癫痫病等不符合高处作业要求的人员进行换岗或辞退,如图 7-34 所示。

(2)根据现场实际施工情况,综合考虑浮式起重机、塔式起重机的吊装能力,积极组织各部门、施工班组讨论,优化施工工艺,减少水上、高处施工工作量。

(3)加强过程检查验收,与工程部技术人员、测量人员分节段对支架施工质量、垂直度进行检查验收,及时整改,减少后期支架整改,一次成型。

(4)在提升支架施工期间,加强日常巡检,每日安排专人对提升支架立柱接高、横联安装等进行巡查,以确保施工安全。

(5)组织编制高处坠落、溺水应急预案,配足相应应急救援物资。同时邀请柳州市柳铁中心医院医护人员到现场进行应急急救知识讲解，提高施工人员及管理人员应急响应能力、救援能力。

(6)项目部加强现场各工序质量控制标准，严格执行隐蔽工程验收制度、大临设施验收制度、临时支架设施管理办法，严格工程施工质量管理。高危支撑体系施工完成后，项目部组织人员进行多次检查，发现问题立即整改。同时邀请中铁上海工程局集团有限公司、中铁上海工程局集团第五工程有限公司、监理单位、业主、设计单位等多家单位对高危支撑体系进行验收，层层把关，共筑安全防线。

项目部安全管理工作如图7-34～图7-41所示。

图7-34 组织开展施工作业人员体检

图7-35 提升支架安装

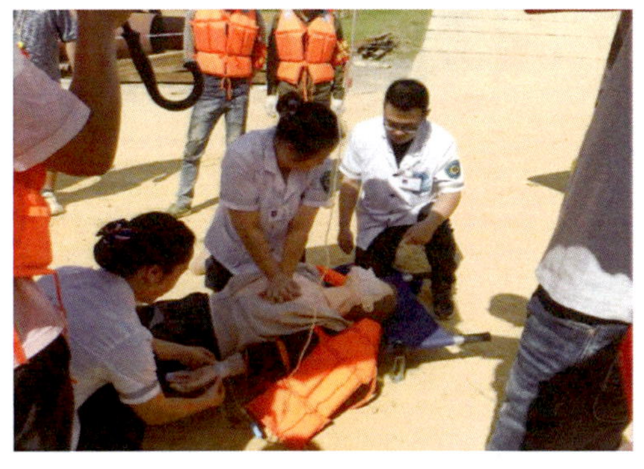

图7-36 溺水人员心肺复苏演示

图7-37 场内加工，过程检查

图 7-38 提升支架项目部验收

图 7-39 提升支架公司验收

图 7-40 提升支架集团公司验收

图 7-41 提升支架参建各方联合验收

3)特种设备安全管理

项目使用的特种设备有 20t/50m 门式起重机、660t 浮式起重机、400t 浮式起重机、220t/22m 门式起重机、TC7052a 型塔式起重机。现场大型特种设备较多,使用率较高。为加强特种设备安全监督管理,保证特种设备的安全使用,防止和减少事故发生,保护现场施工人员生命和财产安全,项目部通过建立健全特种设备岗位安全责任制度、定期检查制度,采用设备进场报验、设备进场验收、定期维保、使用过程旁站监控的方式加强特种设备的管理,每月开展一次专项检查,保证特种设备使用过程中施工安全,如图 7-42、图 7-43 所示。

图 7-42 专业公司对塔式起重机进行维修

图 7-43 专业公司对门式起重机进行维修

4)中拱段整体提升施工组织

(1)项目部安质部在提升前多次组织中拱段整体提升相关施工人员进行针对性的安

全教育培训，提高施工人员的安全意识，确保施工顺利。安全培训如图 7-44 ~ 图 7-47 所示。

图 7-44 对施工人员进行安全培训

图 7-45 对施工人员进行技术交底

图 7-46 项目总工现场培训

图 7-47 安质部长现场安全教育

(2)项目部成立了中拱段整体提升、合龙施工组织机构，明确了各小组职能，将分工细化到全体参与人员，确保人员安排合理，保障施工顺利推进。在中拱段提升之前各小组组长及参建方依据各自职能完成相应工作后逐一在检查表上签字，签字齐全后由总指挥下达提升指令，如图 7-48 ~ 图 7-50、表 7-1 所示。

图 7-48 中拱段整体提升小组组长会议现场

图 7-49　中拱段提升准备会议

图 7-50　中拱段提升部署会

中拱段体系转换、整体提升前各项措施到位检查表　　表 7-1

开始时间：　年　月　日　时　分

序号	小组名称	检查点	内容	检查人
1	技术组	方案、交底、计算报告、过程记录表格	技术方案、交底、计算报告完成，施工交底完成，记录表格完成，沟通机制畅通	
2	安全质量组	全过程安全质量检查、验收	中段拱肋、中拱段支架、跨中支架、提升支架、竖向提升系统、水平约束系统均按照设计和交底要求施工，满足规范要求，沟通机制畅通	
3	竖向提升组	竖向提升索、竖向千斤顶	竖向提升系统按照技术交底要求安装完成且调试完成，人员组织到位，沟通机制畅通	
4	水平约束组	水平约束索预应力施工	水平张拉系统按照技术交底要求安装完成且调试完成，人员组织到位，沟通机制畅通	
5	监控量测组	中段拱肋、提升支架及承台、提升支架顶钢箱梁	监测点按照技术交底要求布置完成，有监控量测方案，人员组织到位，沟通机制畅通	
6	后勤服务组	内外部后勤组织、保障	人员组织到位并详细分工，保障体系健全，沟通机制畅通	
7	对位焊接组	合龙段对位焊接	人员组织到位并详细分工，合龙段配切对接监控量测组人员、合龙段马板、焊机、配重块、照明等准备就绪，沟通机制畅通	
8	浮式起重机吊装组	合龙段安装	浮式起重机、门式起重机、船用起重机、运输船等机械设备无故障，支架拆除人员、过程配合安装吊带和粗调人员、机械操作人员组织到位，照明等准备就绪，沟通机制畅通	

续上表

序号	小组名称	检查点	内容	检查人
9	支架维护组	支架维护、电路巡查保养	支架维护人员、电路巡查保养人员组织到位，电力保障准备就绪，沟通机制畅通	
10	应急救援组	突发事件应急救援	应急救援人员组织到位，24h 处于随时待命状态，救生衣、交通船等准备就绪，沟通机制畅通	
11	风缆组	提升支架、中拱段风缆	提升支架风缆按照技术交底张拉完成，中拱段风缆处于已安装未预紧状态，人员组织到位，沟通机制畅通	
12	航道维护组	航道通行安全	上下游警戒船到位，航道部门沟通到位，有专门巡逻船负责巡逻，可确保内部船只和外部船只通行安全，沟通机制畅通	
13	水位协调组	全过程水位平稳	与红花水电站持续沟通顺畅，可提前预知水位变化情况，与指挥组沟通机制畅通	
14	气象组	天气情况	与气象局持续沟通顺畅，提前预知 3d 内天气情况并提前告知指挥组，沟通机制畅通	
15	参建方意见			
16	施工方副总指挥意见			
17	监控方意见			
18	设计方意见			
19	监理方意见			
20	业主方意见			
21	总指挥意见			

(3)提升时安全质量小组负责清理现场，除了必要人员在柱顶盯控提升千斤顶外，其余人员均不得靠近提升范围。各小组依据各自职能分工情况，在主控室 24h 待命，听从指挥组指令，完成指挥组指令工作。

(4)提升过程中不断观察智能监测指挥系统、LSD 液压同步提升系统显示的实时数据，同时与监控量测数据进行对比，判定提升支架与钢箱拱肋的安全稳定性。每提升一个循环时，安全质量小组成员利用监控时间对高危支撑体系进行巡查，确保支撑体系无问题。提升过程中若出现突发情况，立即停止提升，排除隐患后由指挥组判定后下达继续提升指令，如图 7-51 ~ 图 7-54 所示。

图 7-51　中拱段提升实时监控

图 7-52　指挥组领导下达指令

图 7-53　中拱段整体顺利提升

图 7-54　中拱段整体提升到位

(5)中拱段钢箱拱肋整体提升工程从 5 月 6 日持续 5 月 14 日,在长达 9 天 8 夜紧张而又精细施工过程中,指挥团队不断根据现场风速、温度、天气条件进行姿态检测和过程调整,最终在 5 月 14 日 4:00,中拱段与边拱段在 78m 高空实现了完美对接,宛如"一江新月"挂在了柳江之上。此次提升创下了整体提升高度、整体提升重量、提升跨径三项"世界第一"的纪录。钢箱拱肋全桥合龙于 5 月 17 日完成(图 7-55、图 7-56)。施工过程中未出现质量安全事故,过程可控。

图 7-55　主桥拱肋合龙段安装

图 7-56　主桥拱肋合龙仪式

第八章　科研历程及创新成果

第一节　科研历程

柳州市官塘大桥工程科研历程见表 8-1。

科研历程

表 8-1

序号	日　期	事　件	备　注
1	2016 年 2 月	中铁上海工程局集团有限公司组织召开柳州市官塘大桥工程生产技术会议，提出要依托本工程开展技术研究，形成科技成果，进一步提升企业知名度和行业影响力	
2	2016 年 3 月 14 日	著名桥梁专家、中国工程院院士林元培对施工方案和科研工作把脉问诊，提出指导性意见	
3	2016 年 4 月 25 日	著名桥梁专家、中国工程院院士林元培、中国土木工程学会副秘书长孙夔尧等专家为柳州市官塘大桥施工技术难点和关键技术召开研讨会	
4	2016 年 7 月 5 日	中铁中铁股份公司桥梁专家、荣誉顾问周振强对柳州市官塘大桥工程的前期工作和科研工作进行指导，提出建设性意见	

续上表

序号	日期	事件	备注
5	2016年9月18日	中国中铁股份有限公司总工程师孔遁(原中铁上海工程局集团有限公司总经理)带领集团公司技术专家到柳州市官塘大桥项目开展科研工作实施情况调研,并提出指导性意见	
6	2016年12月1日	在承受175000kN水平推力的拱座基础应用"临江溶蚀透水地质大推力拱座施工关键技术"顺利完成施工后,进行施工技术小结,为后续拱肋安装施工布置相关措施	
7	2017年4月	项目部邀请中国中铁股份有限公司副总工程师郑机会同地方专家、公司技术人员检查科研实施的效果,进一步优化科研内容	
8	2017年9月8日	广西公路学会唐柏石、简大桥等专家组成评审小组,对柳州市官塘大桥工程的钢箱拱肋、钢箱梁施工专项方案进行指导,提出评审意见	
9	2017年11月5日	中铁上海工程局集团有限公司副董事长梁永兴带队,组成技术调研组,对官塘大桥技术特点进行指导,提出建设性意见	
10	2018年1月	著名桥梁专家同济大学桥梁系肖汝诚教授对柳州市官塘大桥工程科研工作提出指导性意见	

续上表

序号	日　期	事　件	备　注
11	2018 年 1 月 5 日	中国中铁股份有限公司副总工程师、第五督导巡视组组长李开言莅临现场调研指导，对官塘大桥科技研发工作给予充分肯定，并提出宝贵意见	
12	2018 年 4 月 3 日	项目部成立科技创新小组，以“积极开发创新、持续成果突破、服务公司发展、实现效益收获”为创建目标。针对本项目技术难度开展科技研发，推动科研工作	
13	2018 年 4 月 2 日	国际工程管理协会主席、英国特许工程师卡西姆・吉达多博士到官塘大桥项目开展调研、指导工作，为科技研发提供宝贵经验	
14	2018 年 4 月 25 日	中铁上海工程局集团有限公司总工程师黄新、副总工程师唐俊，中国中铁股份有限公司桥梁专家、荣誉顾问周振强(享受国务院津贴)组成技术专家组，召开“主跨 457m 世界最大有推力钢箱拱桥建造关键技术”阶段性科研成果推进会	
15	2018 年 5 月 5 日	中铁上海工程局集团公司总工程师黄新、副总工程师唐俊莅临整体提升主控室指挥现场，对“5885t 中段拱肋低位拼装整体提升关键技术”的实施进行现场指导	
16	2018 年 5 月 14 日	应用“钢箱提篮拱桥 5885t 拱肋桥位拼装整体提升安装关键技术”施工的柳州市官塘大桥工程中拱段整体提升到位，标志着科研在工程实际中的里程碑意义	

续上表

序号	日　期	事　件	备　注
17	2018 年 11 月 27 日	2018 年 11 月 27 日，柳州市官塘大桥全线通车，标志着“主跨 457m 大推力钢箱提篮拱桥施工技术”得以成功实施	

第二节 创新成果

柳州市官塘大桥工程创新成果见表 8-2。

创新成果　表 8-2

序号	获奖时间	获奖名称及颁奖单位	奖章奖牌
1	2017 年 5 月	柳州市 2017 年上半年“柳州市安全文明标准化工地”（柳州市住房和城乡建设委员会）	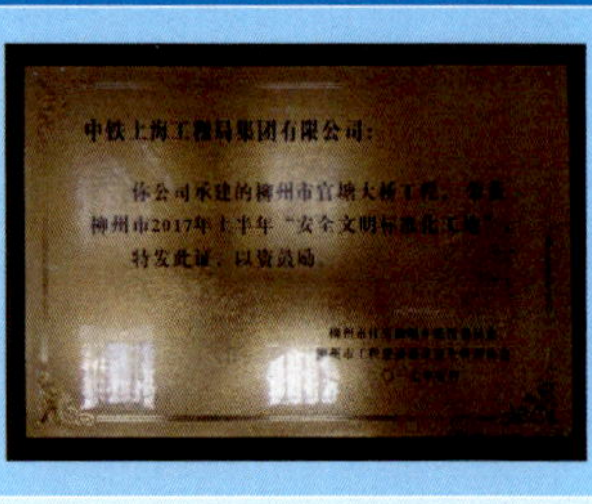
2	2017 年 6 月	2017 年度全国建筑业绿色建造暨绿色施工示范工程（中国建筑业协会绿色建造与施工分会）	
3	2018 年 1 月	2017 年下半年广西壮族自治区建设工程施工安全文明标准化工地（广西工程建设质量安全管理协会）	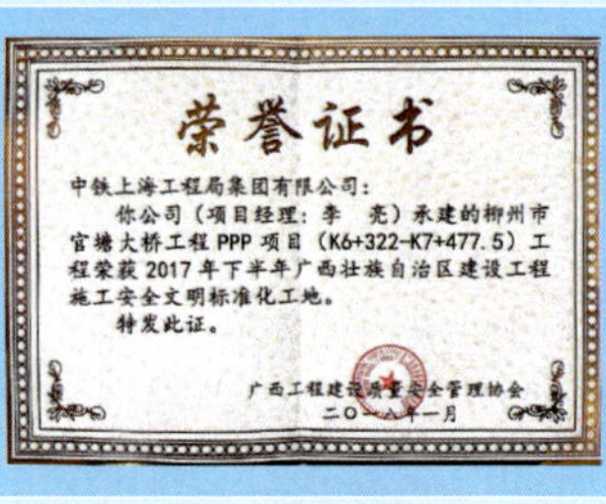
4	2018 年 1 月	2018 年度中国中铁股份有限公司“优秀质量管理小组”称号（中国中铁股份有限公司）	

续上表

序号	获奖时间	获奖名称及颁奖单位	奖章奖牌
5	2018 年 5 月	2017 年度工程建设行业互联网发展优秀实践案例(中国施工企业管理协会)	
6	2018 年 5 月	2018 年五四红旗团支部(共青团中国中铁股份有限公司委员会)	
7	2018 年 7 月	全区建筑信息模型(BIM)技术应用(广西建工杯)第三届职工技能大赛三等奖(广西建筑信息模型 BIM 技术发展联盟)	
8	2018 年 6 月	广西建筑信息模型(BIM)技术应用试点项目(广西壮族自治区住房和城乡建设厅)	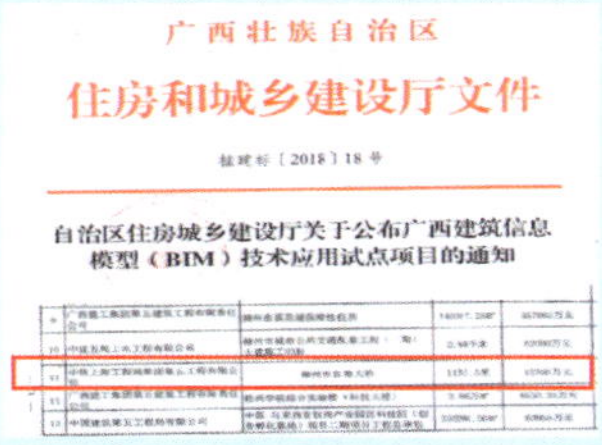
9	2018 年 9 月	第四届“科创杯”中国 BIM 技术交流暨优秀案例作品展示会大赛优秀奖(中国建筑信息模型和科技创新联盟)	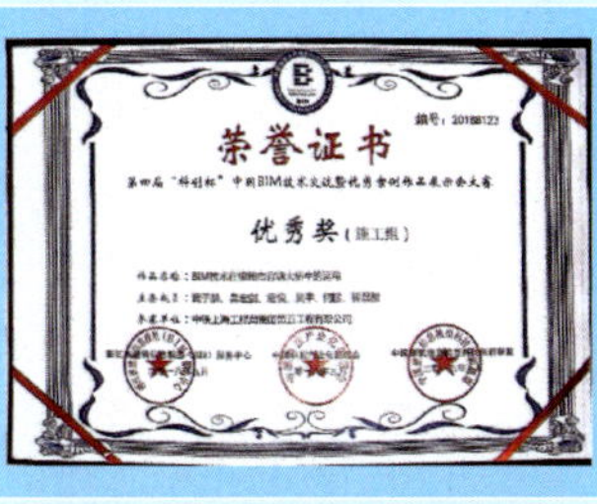
10	2018 年 9 月	广西壮族自治区“八桂杯”BIM 技术应用大赛施工组一等奖(广西建筑信息模型 BIM 技术发展联盟)	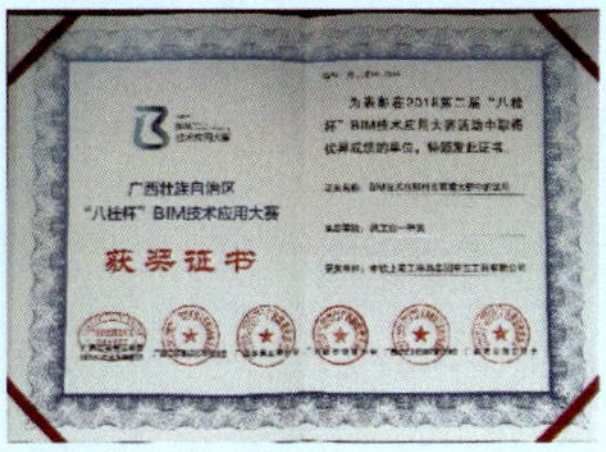

续上表

序号	获奖时间	获奖名称及颁奖单位	奖章奖牌
11	2018年10月	自主研发的“主拱提升监测指挥系统”获软件著作权（国家版权局）	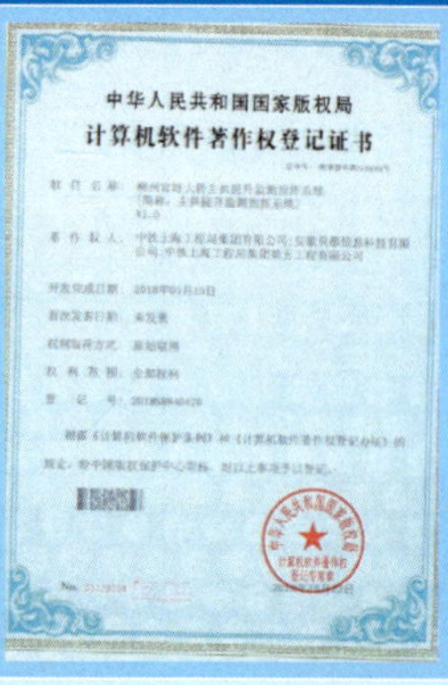 中华人民共和国国家版权局 计算机软件著作权登记证书
12	2018年12月	“钢箱提篮拱桥拱肋桥位拼装整体提升安装工法”获广西壮族自治区省部级工法（广西建筑业联合会）	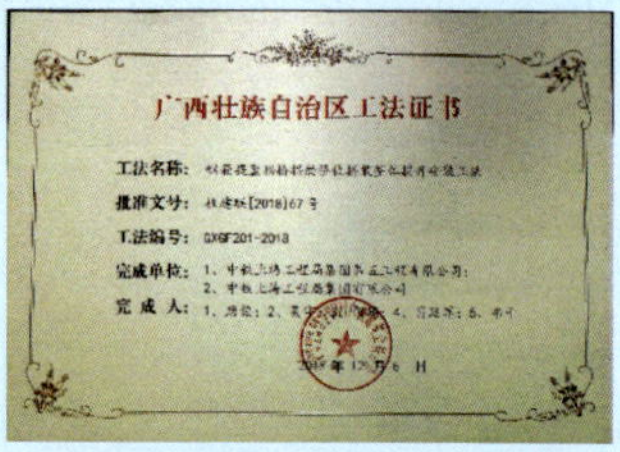 广西壮族自治区工法证书 工法名称： 批准文号： 工法编号： 完成单位： 完 成 人：
13	2018年12月	2018年度中国中铁绿色施工科技示范工程（中国中铁股份有限公司）	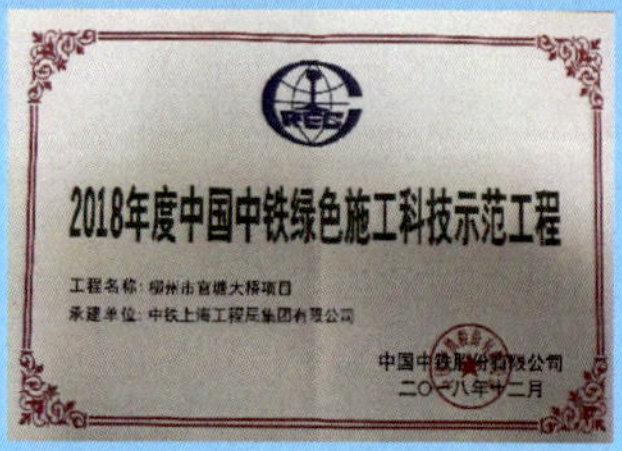 2018年度中国中铁绿色施工科技示范工程 工程名称：柳州市官塘大桥项目 承建单位：中铁上海工程局集团有限公司 中国中铁股份有限公司 二〇一八年十二月
14	2019年1月	“大跨度内倾式钢箱拱桥主拱肋施工工法”获省部级工法（中国公路建设行业协会）	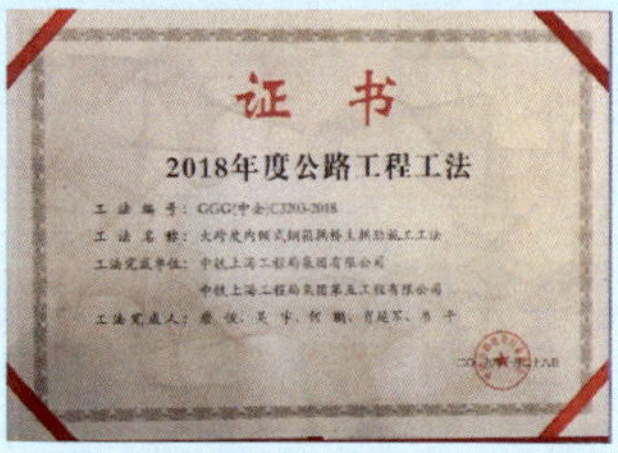 证书 2018年度公路工程工法
15	2019年5月	广西建设工程施工科技进步奖（广西建筑业联合会）	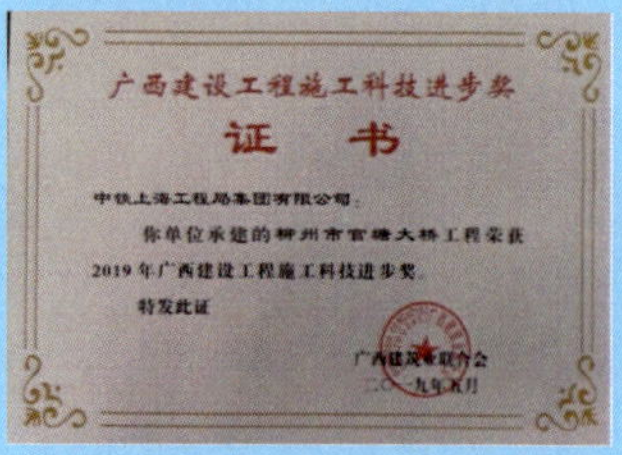 广西建设工程施工科技进步奖 证书 中铁上海工程局集团有限公司： 你单位承建的柳州市官塘大桥工程荣获2019年广西建设工程施工科技进步奖。 特发此证 广西建筑业联合会 二〇一九年五月

续上表

序号	获奖时间	获奖名称及颁奖单位	奖章奖牌
16	2019 年 6 月	“大跨度内倾式钢箱拱桥主拱肋安装施工关键技术”获科学技术进步奖（中国公路建设行业协会）	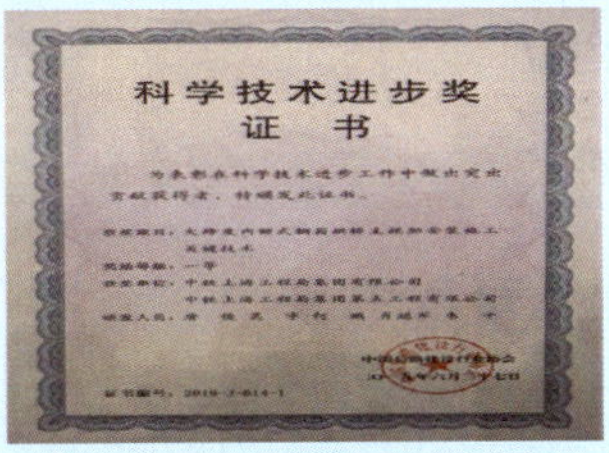
17	2019 年 10 月	“广西钢结构金奖”（广西建筑业联合会）	
18	2019 年 10 月	中国交通运输协会科技进步奖二等奖（中国交通运输协会）	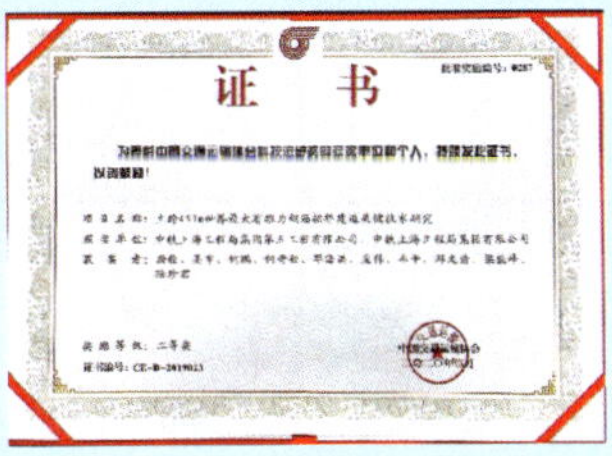
19	2019 年 11 月	优秀焊接工程一等奖（中国工程建设焊接协会）	
20	2019 年 11 月	柳州市工程质量“龙城杯”奖（市优质工程）（柳州市建筑业联合会）	
21	2019 年 12 月	“透水性地质大型有推力钢箱拱桥基础施工工法”获广西壮族自治区工法（广西建筑业联合会）	

续上表

序号	获奖时间	获奖名称及颁奖单位	奖章奖牌
22	2019 年 12 月	“大跨度内倾式钢箱拱桥主拱肋施工工法”获广西壮族自治区工法(广西建筑业联合会)	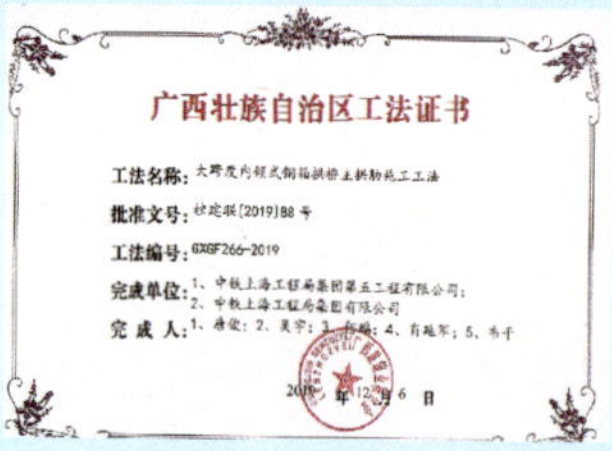 广西壮族自治区工法证书 工法名称：大跨度内倾式钢箱拱桥主拱肋施工工法 批准文号：桂建... [2019]88 号 工法编号：GXGF266-2019 完成单位：1、中铁上海工程局集团第五工程有限公司；2、中铁上海工程局集团有限公司
23	2019 年 12 月	“主跨 457m 世界最大有推力钢箱拱桥建造关键技术”获中国铁路工程总公司科技成果特等奖	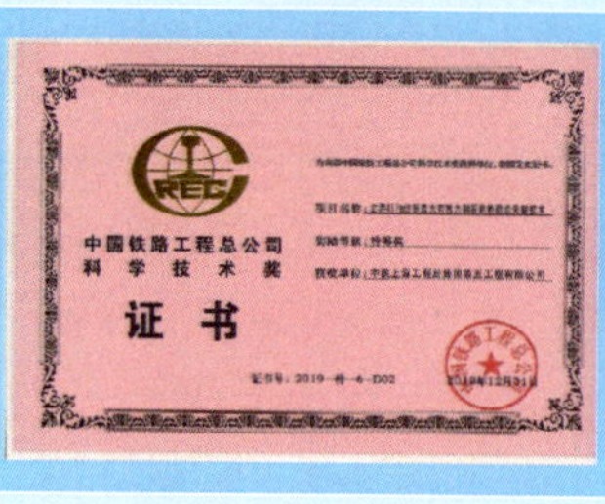 中国铁路工程总公司 科学技术奖 证书
24	2020 年 2 月	中国中铁杯奖	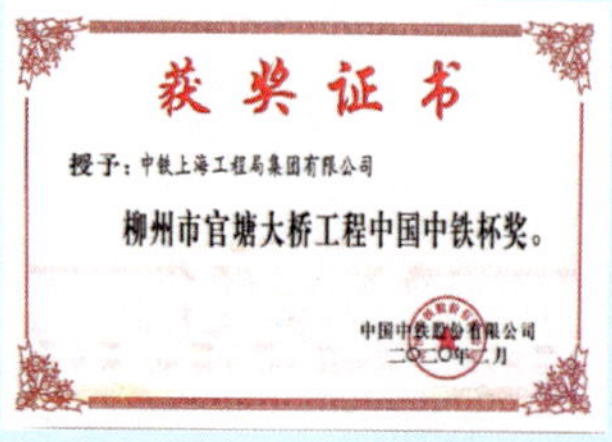 获奖证书 授予：中铁上海工程局集团有限公司 柳州市官塘大桥工程中国中铁杯奖。 中国中铁股份有限公司 二〇二〇年二月
25	2020 年 7 月	中国钢结构金奖(中国建筑金属结构协会)	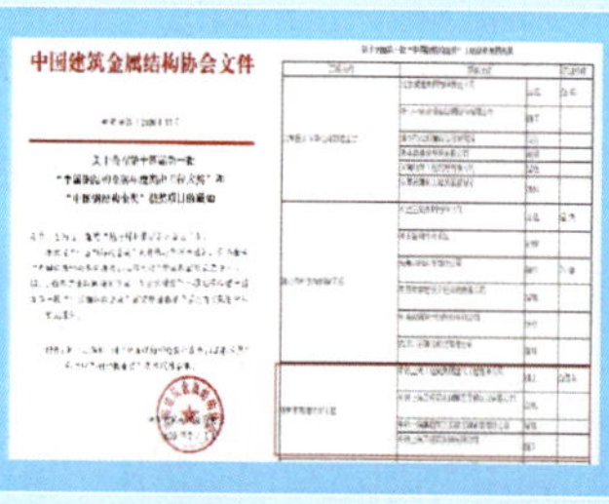 中国建筑金属结构协会文件
26	2020 年 8 月	广西区建设工程“真武阁杯”奖(最高质量奖)(广西建筑业联合会)	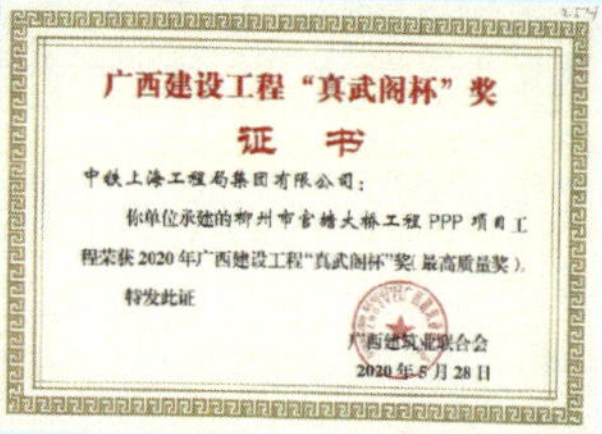 广西建设工程“真武阁杯”奖 证书 中铁上海工程局集团有限公司： 你单位承建的柳州市官塘大桥工程 PPP 项目工程荣获 2020 年广西建设工程“真武阁杯”奖(最高质量奖)。 特发此证 广西建筑业联合会 2020 年 8 月 28 日
27	2020 年 9 月	获中国施工企业管理协会 BIM 大赛二等成果	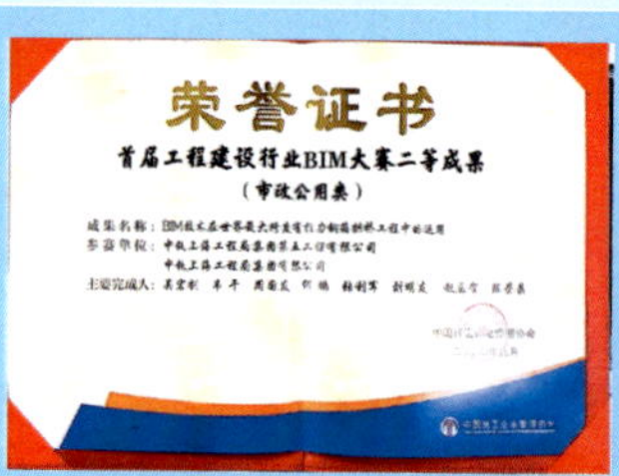 荣誉证书 首届工程建设行业BIM大赛二等成果 (市政公用类)

续上表

序号	获奖时间	获奖名称及颁奖单位	奖章奖牌
28	2020年12月	荣获中国施工企业管理协会技术进步奖一等奖